DES
FONTAINES

DE

LA VILLE D'AUCH

Par L. GRANDVAUX,

Chef de Division à la Préfecture du Gers.

JUIN 1858.

AUCH,

IMPRIMERIE ET LITHOGRAPHIE DE FOIX FRÈRES,
Rue Balguerie.

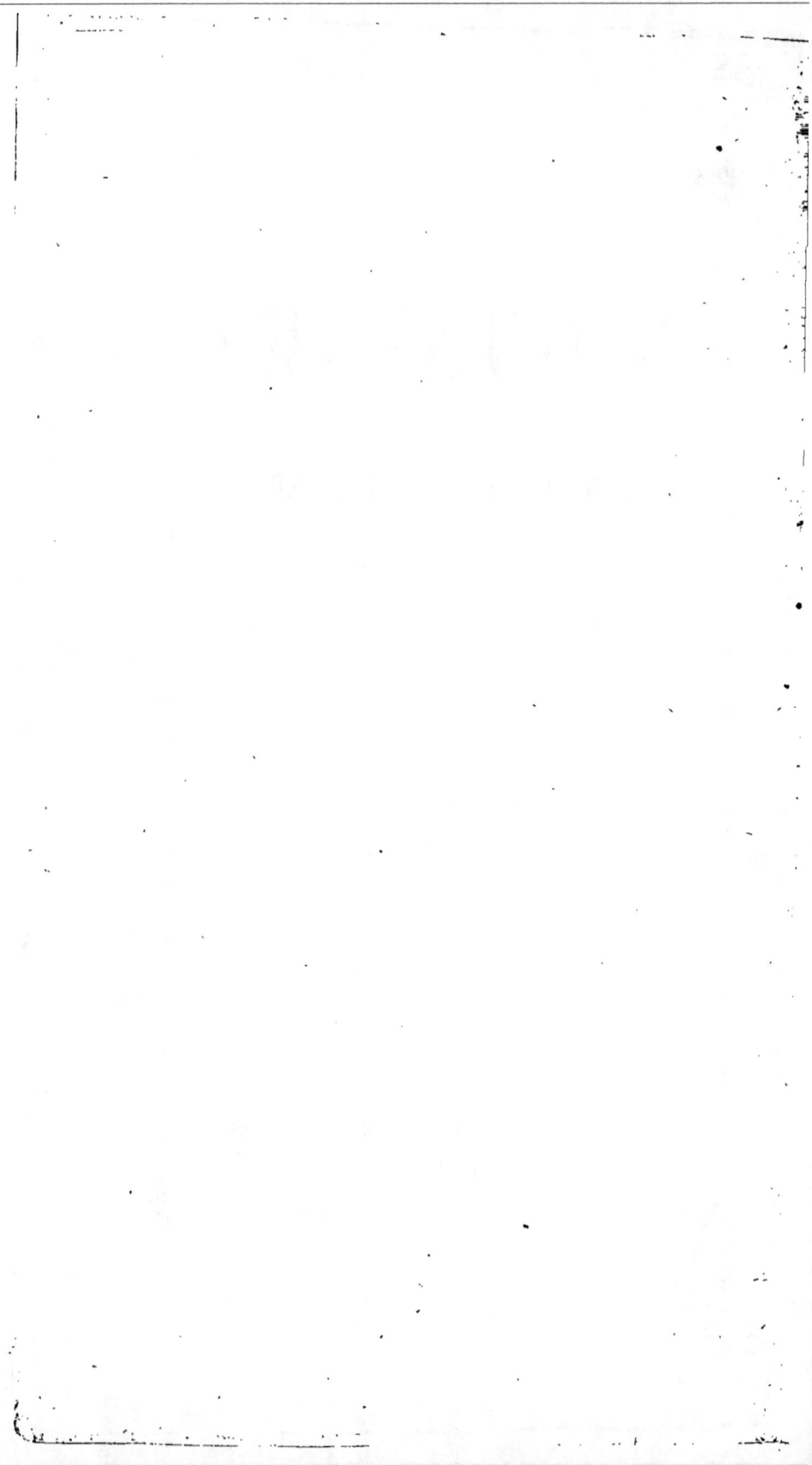

DES

FONTAINES DE LA VILLE D'AUCH.

DES
FONTAINES

DE

LA VILLE D'AUCH

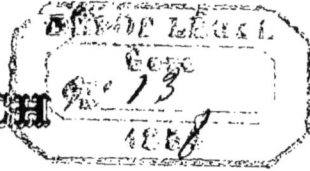

PAR L. GRANDVAUX,

Chef de Division à la Préfecture du Gers.

JUIN 1858.

AUCH,

IMPRIMERIE ET LITHOGRAPHIE DE FOIX FRÈRES,

Rue Balguerie.

1858

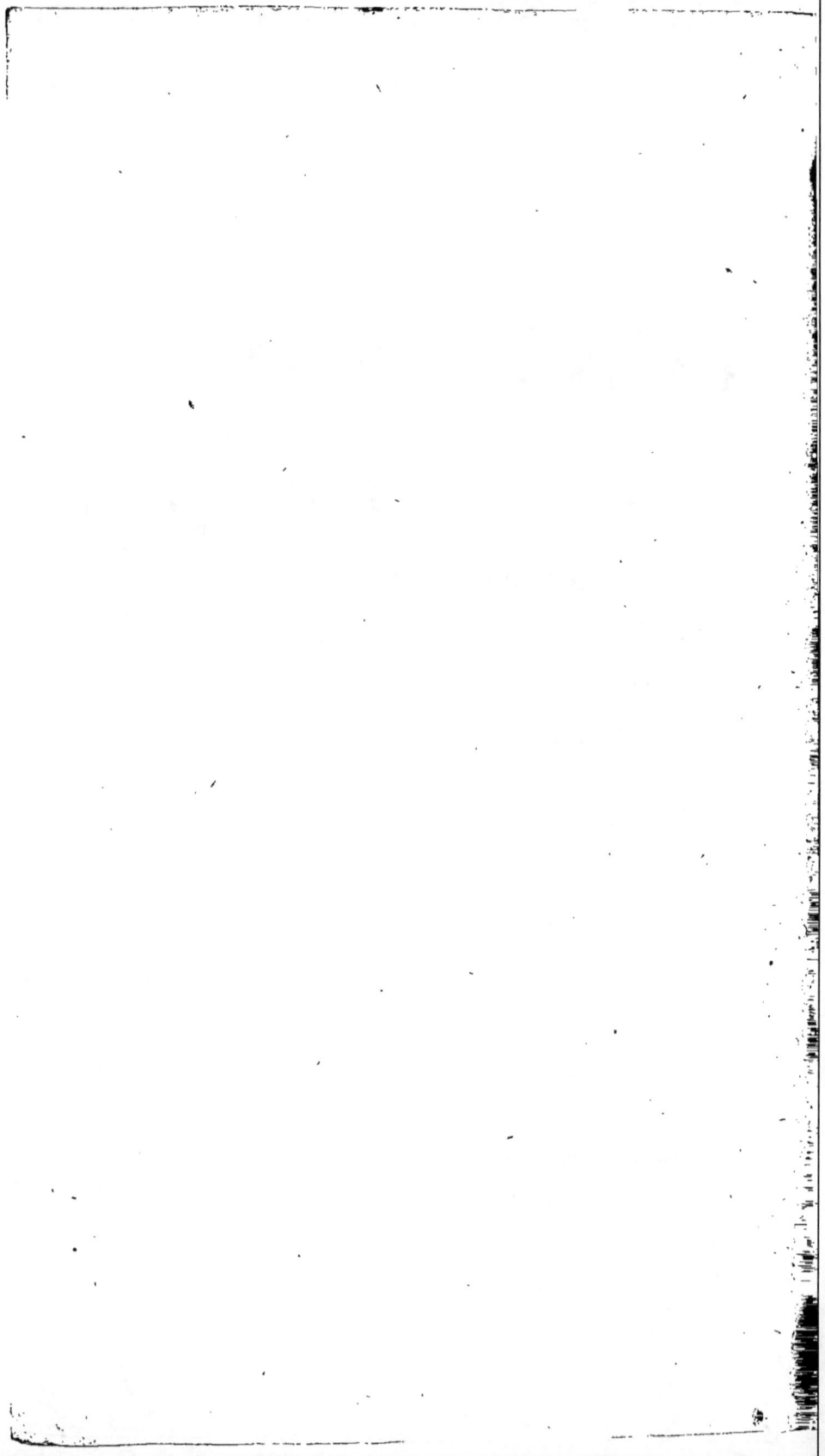

DES

FONTAINES DE LA VILLE D'AUCH.

Il y a trois siècles qu'on cherche de l'eau pour la ville d'Auch. Diverses études ont été commencées, abandonnées et reprises, notamment dans les cinquante dernières années. Les habitants en ont suivi les résultats avec un vif intérêt et une anxieuse curiosité. Aujourd'hui chacun sait à quoi s'en tenir sur les différents systèmes qui se sont produits.

Depuis qu'on a reconnu la possibilité de conduire au cœur même de la cité des eaux de sources en grande quantité, la ville n'en veut plus d'autres. Elle tient les débats pour épuisés et demande instamment qu'on exécute les travaux qu'elle s'est engagée à payer.

Nous ne commettrons donc pas l'imprudence de rouvrir une discussion close par de récentes résolutions officielles; mais un incident inattendu nous force à rappeler quelques faits qu'il importe que personne n'oublie, ni ceux qui désirent la prospérité de la ville, ni ceux qui seraient assez aveugles pour vouloir ramener la question dans le cercle vicieux d'où elle est heureusement sortie.

On sait qu'après un examen approfondi au sein du conseil d'État et du Corps législatif, la délibération par laquelle le conseil municipal d'Auch a voté des ressources applicables jusqu'à concurrence de 350,000 francs aux travaux nécessaires pour amener sur la place Napoléon et pour distribuer en ville les eaux des vallons du sud-ouest a été entièrement sanctionnée par une loi du 12 mai dernier.

En conséquence, le moment est venu de se mettre à l'œuvre. Dans ce but, l'autorité, pour se conformer aux règlements, a prescrit l'enquête qui doit toujours précéder les acquisitions ou les expropriations de terrains pour cause d'utilité publique. Les choses se sont passées comme elles se passent toutes les fois que les projets de l'Administration sont bien réellement l'expression des vœux de la population : la ville a témoigné, par une muette abstention, de son entier assentiment. On ne se dérange pas volontiers, et on a tort, pour appuyer de son suffrage une mesure qu'on approuve; et, à la faveur de cette confiance générale, quelques individualités mécontentes peuvent se donner la satisfaction d'exprimer des critiques qui, bien que n'ayant d'autre base que des présomptions non justifiées, suffisent néanmoins pour enrayer momentanément la marche de l'affaire, pour entraîner à des délais, à des ajournements.

L'ajournement ! tel est en effet le but constant et unique de ceux qui n'osent pas et de ceux qui ne peuvent pas.... Ils oublient que le temps où l'on érigeait l'ajournement en système est déjà bien loin de nous. Il y a des gens qui ne s'avoueront jamais l'inanité de cette doctrine funeste. Voyons donc ce qu'elle a produit dans la question des fontaines d'Auch.

I.

Comment pourvoir la ville d'Auch d'une suffisante quantité d'eau potable? Tel est le problème posé depuis 1559, d'après ce que nous apprend l'historien de la ville d'Auch, M. Prosper Laforgue.

On est frappé de voir avec quelle saine perspicacité les officiers municipaux, dès le début même de cette longue affaire, jetèrent leurs vues sur les coteaux du sud-ouest vers lesquels les études des ingénieurs, après bien des tâtonnements, ont fini par ramener aujourd'hui la question. Voici comment s'exprime M. Laforgue :

« Le projet de conduire les eaux de la source de Carlés dans l'intérieur de la ville ne date pas de nos jours. En 1696, le sieur Debrie, architecte, fut chargé par la municipalité « de tirer le niveau de la source » de Carlés pour savoir si on pouvait conduire ladite » eau dans la place qui est au-devant de l'église de » Ste-Marie. » La chose *était possible*, l'architecte se mit à l'œuvre, leva les plans des lieux, fit un devis, etc. Mais la commune n'était pas en position d'entreprendre un travail aussi considérable; le conseil communal se borna à allouer à l'architecte 57 livres 10 sols pour ses travaux. »

Répétez ces dernières lignes vingt ou trente fois, et vous aurez toute l'histoire des fontaines d'Auch.

En effet, si l'on consulte les archives de la commune ou celles du département, on voit chaque administrateur, dès son installation, promettre une solution, entreprendre des études, faire dresser des plans, les payer et s'en tenir là. Un second arrive et recommence, à nouveaux frais; un troisième fait de même, puis un

quatrième, un cinquième, et ainsi de suite. Si bien que
la ville d'Auch, en 1858, souffre encore comme en
1559 d'une grande pénurie d'eau, après avoir pourtant dépensé en projets, en expériences, en travaux
inutiles ou insuffisants, pour avoir des fontaines,
quantité de sommes plus ou moins petites, qui, réunies, formeraient un chiffre considérable.

Les résultats obtenus, chacun les connaît. Le premier et le principal consiste dans la conduite, en ville,
des sources qui naissent à l'extrémité ouest du vallon
de Peyrusse. D'après M. Laforgue, ce travail daterait
de 1770. « Déjà au mois d'octobre 1769, dit notre
chroniqueur, on fit venir un nommé Gelonde » mécanicien du Roy » de Bordeaux. Cet hydraulicien
examina toutes les fontaines et particulièrement une
qui se trouvait dans le couvent des religieuses de Ca-
marade. Mais son attention s'arrêta sur la source de
Bégué. Sur son rapport et sur celui du sieur Bourgeois
de La Rosière « ingénieur géographe des camps du
» Roy » on *conduisit l'eau sur la place.* Ce dernier fit
les plans, dessins et devis des travaux à exécuter. Cette
fontaine est celle qui est au sud du perron du Cours
d'Etigny. »

Peut-être y a-t-il une erreur d'impression dans ce
passage du livre de notre compatriote quant à la date
des travaux.

L'exécution paraît, en effet, n'en avoir été commencée qu'en 1780, bien que le plan eût été dressé
onze ans plus tôt. Nous avons sous les yeux le plan si-
gné par Bourgeois de La Rosière et daté d'Auch, le
12 novembre 1769. Il porte la légende suivante :
« *Plan pour la construction d'un canal fait en maçonnerie*
et pierre de taille, taillée en augets de quatre pouces de lar-
geur sur six pouces de hauteur dans œuvre avec bon moellon,
le tout posé en bon mortier de chaux et sable pour la conduite
des eaux de la fontaine de Bégay, sur la place de Ste-Marie
d'Auch. Le volume est très suffisant, ayant deux pouces
carrés, comprises les cinq sources au-dessus. »

On voit par le plan que le canal projeté devait passer au nord de la Santète, par l'allée Baylac, et aboutir au-delà de la rue Napoléon sur la place Ste-Marie.

Est-ce là un premier travail qui aurait été fait en 1770 ? S'il l'a été, comment pouvait-il servir à conduire les eaux à la fontaine sud du cours d'Etigny ? Toujours est-il que dix ans plus tard les officiers municipaux d'Auch, par une délibération en date du 21 août 1780, témoignent de nouveau du désir qu'ils avaient depuis longtemps qu'une fontaine fût établie sur la place de l'Hôtel-de-Ville. En conséquence, des fouilles sont faites le long du chemin de Vic et près de la fontaine de *Béguier*. M. de Laboulaye, intendant de la généralité, visite les lieux, approuve les fouilles et en prescrit le paiement par une ordonnance du 9 septembre 1780. Il confie ensuite à M. Desfermiers, ingénieur en chef de la province, les opérations restant à faire « pour mettre à profit les eaux des sources découvertes et les conduire avec assurance sur le lieu » où l'on voudrait construire la fontaine. » Le projet est dressé. Il a pour objet la construction de deux châteaux d'eau près des sources, de puisards et du réservoir situé à l'extrémité ouest du cours d'Etigny. La municipalité l'approuve et nomme des commissaires chargés de pourvoir à la dépense. Mais il ne paraît pas que MM les commissaires aux finances se soient mis en grands frais d'invention. En effet, deux ans après, M. Devergenne, intendant, intervient pour ordonner aux officiers municipaux de payer au sieur Daubas, entrepreneur de la fontaine de Béguier, la somme de douze cents livres ; il faut bien s'exécuter ; alors on vend un champ communal, à un sieur Tarbouriech, qui en compte le prix à Daubas, sur un mandat du maire.

Ce sacrifice, par une exception à beaucoup d'autres qu'il nous faudra enregistrer dans la suite de cette revue, eut du moins un utile résultat : les eaux de la fontaine de Bégué furent amenées en ville.

Ce n'est pas à dire que le but qu'on s'était proposé
fût atteint. Il y eut, au contraire, de grandes décep-
tions quant à la quantité d'eau obtenue. Comme on
l'a vu, M. Bourgeois de La Rosière qui, le premier,
propose en 1769 de conduire sur la place Ste-Marie
les eaux de Bégué et des cinq sources voisines, se borne
à déclarer, sans plus d'explications, que le volume en
est « très suffisant. » On ne pouvait pas s'en tenir à
cette affirmation. On fit donc, le 30 août 1780, un jaugeage qui donna un produit correspondant à 63 bar-
riques 1|3 par 24 heures, c'est-à-dire 16,705 litres.

C'était peu, puisque, en supposant une consommation *très insuffisante* de 10 litres par personne, on aurait pourvu seulement aux besoins de 1,600 habitants.

Malheureusement, il fallut encore en rabattre. Le
jaugeage avait promis plus que les sources ne donnèrent.
On s'était donc trompé dans cette opération, et il est
facile de reconnaître comment. D'une part, le mois
d'août était mal choisi : la saison de l'étiage des sources est ordinairement en automne ou au commencement de l'hiver.

D'autre part, le procédé de jaugeage employé était
faux. Pour apprécier le débit, on épuisait l'eau dans
une excavation, on observait ensuite le temps qu'elle
mettait à s'élever à une certaine hauteur, et on en con-
cluait le produit pendant ce temps. L'erreur commise
consistait à confondre le débit continu d'une source
avec le rendement exceptionnel qu'elle peut momentanément donner sous l'action d'un épuisement forcé.
On ne réfléchissait pas que la source formée par
l'égouttement naturel du terrain, d'après la loi d'un
niveau normal, devait, durant l'expérience, se préci-
piter dans l'excavation tenue vide au-dessous de ce
niveau même; de telle sorte que ce réservoir aux
mille ramifications mystérieuses, qu'alimente l'assèchement du sol, ne s'est plus trouvé soumis aux
mêmes conditions d'écoulement; et, par suite, au lieu

de se vider avec lenteur, mais d'une manière continue, il a dû verser brusquement, dans un temps, une masse d'eau plus cons'dérable.

Il arriva donc qu'après l'exécution des travaux, la source de Bégué, se trouvant ramenée à un écoulement continu, produisit beaucoup moins qu'on ne s'y était attendu.

Cet échec n'était pas encourageant. Mais les graves événements de l'époque firent diversion. Il y avait près de 20 années qu'on ne s'occupait plus des fontaines, bien que la population n'eût pas cessé de souffrir, lorsqu'on imagina tout à coup de la distraire de sa longue épreuve au moyen d'une illusion, et l'on se dit bravement : « Si nous n'avons pas de fontaines. ayons-en, du moins, les apparences. » — Pourquoi pas? — On avait bien alors un semblant de richesse sous la forme d'assignats. — En conséquence, on se mit à l'œuvre, et, vers la fin du Directoire, on acheva, à l'angle sud du cours d'Etigny, ce fallacieux et triste monument qui représente une cascade, mais duquel, hélas! ne s'échappe plus une goutte d'eau, et qui semble placé là, sous les yeux même de la municipalité, tout exprès pour lui rappeler sans cesse le vœu le plus ardent de la population.

II.

Il faut être juste même envers les ruines. Hâtons-nous donc d'ajouter que l'allégorique fontaine construite par M. l'ingénieur Gauterel pour décorer l'angle sud du Cours d'Etigny n'a pas toujours été, comme aujourd'hui, absolument sans eau.

Elle a eu, au contraire, pendant longtemps le privilége de dispenser à la haute ville les précieux trésors du vallon de Peyrusse; et on assure même qu'elle s'acquittait de ce rôle nuit et jour, sans pruderie ni caprice, indistinctement au profit de tous, bêtes et gens. Ce n'est pas à dire qu'elle fût bien riche; mais, dans les temps de sécheresse, chacun lui tenait compte de ses bonnes intentions.

Gardez-vous donc bien de croire que c'est pour avoir été prodigue dans sa jeunesse qu'elle se trouve maintenant réduite à cette aride stérilité qui vous afflige.

Sans vous en douter, vous voyez en elle une victime des révolutions. Elle a souffert des humiliations de toutes sortes. La Restauration l'a violemment dépouillée de son filet d'eau. La Monarchie de Juillet ne le lui a pas rendu; et, pour comble d'ingratitude, de peur sans doute d'avoir à rougir de sa pauvreté, elle l'a honteusement masquée d'une affreuse échoppe où la régie, il est vrai, débitait ses produits les plus renommés. A son tour, la République, la reniant pour sa fille, a brisé brin à brin la couronne de fer qui ornait son front. Sans le rétablissement de l'Empire, elle n'eût peut-être jamais revu le jour.

Déjà le premier Empire l'avait traitée avec faveur. En 1806, il fut question de lui donner une sœur qui serait placée symétriquement à l'angle nord de la promenade, et d'ériger, en outre, un monument à la mémoire de M. d'Etigny. On se proposait, d'après les devis de l'architecte Ardenne, de dépenser pour ces travaux et pour un souterrain voûté qui devait relier le réservoir aux fontaines, une somme de 18.206 fr. 21 c. Mais un grand événement fit modifier ces dispositions.

En effet, l'Empereur, à son retour de Bayonne, où la junte d'Etat venait de proclamer son frère Joseph roi d'Espagne et des Indes, consentit à s'arrêter à Auch. Ici comme dans tous les lieux que son pied put fouler, Napoléon Ier laissa une profonde trace de son génie civilisateur. Par un décret daté d'Auch même, le 24 juillet 1808, l'Empereur ordon

na, dans l'intérêt de ce pays, divers travaux, dont
quelques-uns sont considérables et rendent encore
les plus utiles services à la prospérité de nos con-
trées (1).

Dans cet élan de la sollicitude impériale, la ville
d'Auch ne fut pas oubliée. En effet, le décret dispose :

« Art. 4. — Le pavé de la ville d'Auch sera réparé à neuf.

« Art. 5.—Une somme de 10,000 fr sera affectée
» à cette dépense *et portée au budget des ponts et
» chaussées pour 1809.»*

Ainsi, les rues de notre vieille capitale se trouvaient
tout à coup traitées sur le même pied que les bou-
levards de Paris.

Ce n'était pas tout. — Le décret porte encore :

« Art. 6. — Le canal qui part du château d'eau
» sera perfectionné et continué en passant le long du
» Cours d'Etigny jusqu'à la place de la Mairie.

» Art. 7. — L'ancien canal destiné à conduire les
» eaux dans le quartier de St-Pierre sera désobstrué
» et réparé.

» Art. 8. — Une somme de 18,000 fr. sera affec-
» tée au canal du château d'eau.

» Une somme de 6,000 fr. sera affectée à la res-
» tauration de l'ancien canal du quartier de St-Pierre.

» Art 9. — La moitié desdites sommes formant
» celle totale de 24,000 fr. sera acquittée cette année
» sur le fonds commun des ponts et chaussées.

» L'autre moitié de ladite somme sera portée au

(1) La canalisation de la Baïse du point où elle était précédemment établie jusqu'à Condom, et la construction de la
route impériale n° 129, sont au nombre des grandes mesures
ordonnées par l'Empereur pendant son séjour à Auch. Aux
termes de l'art. 14 du même décret, des plans et projets devaient être dressés, dans le courant de l'année 1809, pour la
navigation du Gers.

1*

» budget des ponts et chaussées pour l'exercice
» 1809 .»

Des ordres ne tardèrent pas à être donnés par M.
le conseiller d'Etat, directeur général des ponts et
chaussées, pour l'exécution du décret du 24 juillet.
M. l'ingénieur en chef du département du Gers fut
chargé de dresser les plans et devis des travaux intéressant les fontaines. La municipalité devait fournir
les renseignements nécessaires.

Il s'agit d'une dépense dont l'Etat doit faire les
frais. Ne faut-il pas naturellement s'attendre à voir
la ville d'Auch s'empresser de mettre à profit la libé-
ralité impériale ? Malheureusement, c'est tout le contraire qui a lieu. On ne fait pas les plans demandés.
Le préfet presse à la fois la municipalité et les ingénieurs, comme le prouvent ses lettres des 23 janvier
1809, 15 et 21 mars, 2 août 1810, 24 juillet 1811,
et 1er mai 1812. Des instructions de l'administration
centrale viennent, à plusieurs reprises, donner plus
de force encore aux instances du premier magistrat
du département. Vains efforts ! Les ingénieurs se suc-
cèdent à Auch sans que les plans et devis des fontaines projetées soient présentés.

Les événements de 1814 surviennent. Il faut faire
face à des nécessités de premier ordre. Les fonds
tenus jusqu'alors en réserve dans l'intérêt des fontaines d'Auch reçoivent, par la force même des choses,
une autre destination; et, lorsque M. le comte de Mon-
tagut, préfet du nouveau régime, écrit, le 20 août
1814, au payeur du département de lui faire connaître si la somme de 24,000 fr. affectée aux fontaines
par le décret du 24 juillet 1808 est encore disponible, M. le payeur répond que les fonds ont été
reversés au Trésor en vertu d'ordres supérieurs

Ainsi, grâce à d'inqualifiables retards, ces 24,000 f.
sont demeurés perdus pour la ville d'Auch !

Voilà le fruit de l'ajournement.

III.

On ne laisse point échapper une somme de 24,000 f. sans en éprouver quelque regret.

A Auch, on se promit donc d'appeler du refus de M. le payeur à la justice du roi.

En effet, dès le 24 août 1814, le préfet écrit dans ce but au ministre de l'intérieur. Le 28 octobre et le 16 janvier suivants, il insiste.

Peine perdue.

Ces lettres restent sans réponse.

Alors on imagina, pour renouer l'engagement tombé, d'obtenir que le ministre approuvât un mémoire de l'ingénieur en chef proposant la construction d'un perron à la Porte-Neuve, de fontaines, d'un monument à la mémoire de M. d'Etigny, etc. Ce travail portait que l'Etat interviendrait dans la dépense pour 24,000 fr. d'abord, puis pour 800 fr. applicables aux frais d'études.

Mais ce second moyen ne réussit pas mieux que le premier. Le 18 février 1815, le directeur général de l'administration des communes et des hospices renvoie tout le dossier au préfet et lui fait observer :

1º Que le mémoire des ingénieurs ne contient aucun aperçu de la dépense et que le projet d'arrêté n'indique pas les moyens de paiement;

2º Que le budget de la ville ne présente pas les ressources nécessaires pour acquitter la dépense des travaux;

3º Enfin, qu'il est nécessaire que le conseil municipal s'explique avec plus de développement au sujet des 24,000 fr. que la ville avait reçus de l'ancien gouvernement pour la restauration de ses fontaines.

On craignait un refus formel. Cette demande de renseignements complémentaires fut donc considérée comme de bonne augure. Peut-être les 24,000 fr.

allaient-ils être rendus à la ville? De son côté, le conseil municipal, par une délibération du 1er juin 1817, venait de prendre l'engagement d'affecter annuellement, à partir de 1819, sur le budget communal, 6,000 fr. à la restauration des fontaines.

En conséquence, on se met aussitôt à l'œuvre pour dresser un projet. Chacun veut avoir l'honneur d'y concourir. Une lutte s'établit entre MM. les ingénieurs, lutte toute d'émulation pour le bien public, puisqu'ils offrent d'achever gratuitement les opérations commencées.

Pendant tout le cours de l'année 1817, il se fait de part et d'autre un grand échange de lettres; à la faveur de cette correspondance, qui transpire bien un peu dans le public, l'opinion s'échauffe et le préfet finit par charger le maire « d'applaudir au désintéressement de MM. les ingénieurs. » (Lettre du 10 octobre 1817).

Cependant, tout ce bruit s'apaise et aucun travail n'est commencé.

On ne parlait déjà plus du projet des ingénieurs lorsque le conseil municipal fut désagréablement ramené à la question par la présentation d'une demande de 446 fr. 03 c. pour les frais des opérations préliminaires faites en 1814. On avait bien espéré que l'Etat paierait cette dépense; on l'avait même portée à cet effet dans le projet du budget du service de la navigation pour l'année 1820; mais elle en fut rayée par le directeur général des ponts et chaussées; et, le 10 avril 1820, le directeur de l'administration communale et départementale, auprès duquel on avait réclamé, répondit que cette dépense n'intéressant pas l'Etat devait rester à la charge de la commune.

En conséquence, aux 24,000 fr. qu'elle n'avait pu retenir pour ses fontaines, la ville d'Auch dut encore ajouter, en pure perte, cette somme de 447 fr. 03 c.

L'espoir de voir la source de Carlés couler sur la

place de l'Hôtel-de-Ville s'évanouissait encore une fois, bien que les ingénieurs, en 1817, comme en 1696, eussent déclaré parfaitement réalisable ce vœu si cher aux habitants d'Auch qu'ils se le transmettent de génération en génération.

L'esprit d'ajournement venait de remporter une nouvelle victoire.

Quelques temps après, on revient, comme on l'avait déjà fait précédemment, à la source de Bégué. On invoque le souvenir des jaugeages défectueux de 1780, toujours tenus pour bons, et l'on se persuade encore une fois que le débit est beaucoup plus abondant qu'il ne le paraît.

D'ailleurs, le réservoir construit à l'extrémité du Cours d'Etigny n'avait pas encore été utilisé; les eaux n'avaient pas cessé d'être portées, sans point d'arrêt, jusqu'à la fontaine du sud « Lorsque le réservoir sera employé, se disait-on, nous aurons largement pour alimenter deux fontaines. »

Déterminé par des raisonnements de cette force-là, on n'hésite plus. Il est décidé que les eaux de Bégué seront partagées entre deux fontaines monumentales l'une à gauche, l'autre à droite du perron de la Porte-Neuve.

L'idée n'était pas nouvelle, puisque, en 1806, le sieur Ardenne avait dressé un premier projet sur les mêmes données : comme on va le voir, elle n'était pas non plus très heureuse.

Cette fois, les plans et devis sont de M. Lodoyer, l'architecte aimé de la ville, et si digne, en effet, de l'estime de tous. Ils ont pour objet principal l'achèvement du canal dont il est question dans le décret de 1808, et qu'on destinait depuis si longtemps à conduire les eaux du réservoir à la place. Ce n'est rien moins qu'un souterrain voûté dans lequel un homme peut librement circuler debout. Les romains n'avaient pas mieux fait; et l'aqueduc qu'on retrouve encore dans la plaine, à partir de Pavie où il servait à dériver les eaux de la rivière du Gers pour les conduire aux bains de l'ancienne ville d'Auguste, n'avait pas des dimensions plus grandioses.

Il fut donc solennellement arrêté que le souterrain de la Porte-Neuve se bifurquerait près du perron pour présenter, à partir de ce point, deux branches formant l'y et correspondant aux deux fontaines projetées.

Le devis s'élevait à 32,000 francs.

Le projet fut approuvé.

L'adjudication des travaux eut lieu le 8 janvier 1822, et l'entrepreneur se mit immédiatement à l'œuvre.

Hélas! une amère déception ne tarda pas à désillusionner jusqu'aux plus enthousiastes. Il y eut cette année même une affreuse sécheresse. La pauvre fontaine de Bégué tomba si bas, si bas qu'on l'accusa de se dérober par la fuite aux honneurs qu'on lui préparait sur la place. Mais cette accusation devait tourner au profit de sa modestie. La vérité était qu'on se méprenait. En effet, la fontaine St-Pierre, de son côté, ne donnait presque plus rien.

Toutefois, l'autorité s'émeut d'une situation qui impose aux habitants les plus pénibles privations Les deux ingénieurs en résidence à Auch sont requis de se joindre à l'architecte pour vérifier les canaux. Que découvre-t-on? Les archives ne le disent pas.

Toujours est-il que la disette d'eau devient extrême. Il est urgent d'aviser. Le préfet, par une lettre du 20 août, charge le maire « d'engager des rouliers » ou autres chargeant du sable à apporter de l'eau » dans des barriques pour la débiter dans les divers » quartiers de la ville. »

Le 22, le maire répond qu'il va s'occuper de cette mesure et demande l'autorisation d'acheter des barriques. L'autorisation est donnée le même jour. Les

barriques sont achetées sur l'heure, et, dès le lendemain, le service du transport de l'eau en ville fonc-
tionne, malgré l'opposition de quelques propriétaires
de sources qui cède, toutefois, en présence des résolutions prises par le préfet, dans l'intérêt public.

Cette malheureuse campagne était bien faite pour
donner à réfléchir sur le véritable rendement de la
fontaine Bégué. On réfléchit en effet. Mais il n'était
plus temps d'amoindrir les somptueuses dimensions
du souterrain qui se trouvait aux trois quarts fait. On se
borna donc à supprimer l'une des branches de l'y. Celle
du nord fut seule exécutée, et, par suite, des deux fontaines projetées, on ne fit également que celle de droite
et l'abreuvoir attenant. Les choses ainsi disposées, on
dirigea vers la nouvelle fontaine l'eau qui avait jusqu'alors alimenté l'ancienne, et c'est à partir de ce
moment que l'infortunée *Cascade*, dépouillée au profit de sa sœur cadette, ne conserva pas même une
larme pour pleurer sa déchéance.

IV.

La ville d'Auch venait d'imiter l'avare inquiet qui
change son trésor de place, et cette satisfaction lui
avait coûté 32,000 fr.

Il faut reconnaître, toutefois, que les travaux exécutés n'ont pas été sans utilité.

Premièrement, la décoration monumentale de la
place Napoléon y a gagné;

Secondement, l'abreuvoir reporté vers le marché
aux chevaux s'est trouvé plus convenablement placé;

Troisièmement, le réservoir établi en 1780 a été
enfin mis en état de fonctionner.

Ce dernier résultat surtout constituait, au point de
vue de la question spéciale qui nous occupe, une notable amélioration, en ce qu'il devait permettre désor-

mais d'emmagasiner une certaine quantité d'eau pour l'époque ordinaire de la sécheresse, et voici comment :

Une soupape, qu'une légère pression suffit pour ouvrir, interrompt le jet de la fontaine, de manière à éviter toute perte d'eau, surtout la nuit. On fait ainsi, vers la fin du printemps, des économies pour l'époque où la source descend à son plus faible rendement. En toute saison l'eau passe dans le réservoir. Quand la source est très abondante, on la laisse librement couler par un robinet placé presque au niveau du dallage intérieur. Dès que l'étiage approche, on ferme cette issue inférieure et l'eau s'élève dans le réservoir jusqu'au dessus du perdant supérieur, également réglé par un autre robinet qui sert, dans l'été, à réduire le débit de la fontaine suivant qu'on s'attend à une sécheresse plus ou moins prolongée.

Chaque année il y a particulièrement une époque critique à passer : cette époque, c'est la fête locale qui attire et retient à Auch, pendant plusieurs jours, un grand concours d'étrangers.

Aussi cette solennelle échéance fait-elle longtemps à l'avance le tourment du fontainier.

En effet, au moment où la cité revêt ses habits de fête, où les familles ouvrent avec une cordialité empressée les portes de leurs maisons à de nombreux hôtes accueillis en *cousins*, est-il possible que la fontaine manque d'eau ? Ce serait violer les lois de la plus simple urbanité. Donc, fallût-il en venir à traiter les habitants avec parcimonie pendant la canicule, on se réserve pour la Nativité de la Vierge le moyen de faire jouer les grandes eaux. Pour cette circonstance importante, notre édilité fait preuve d'une prudence qui ne s'est jamais démentie, une seule fois exceptée. On raconte que, touchée des pénibles épreuves auxquelles sont soumises ces groupes qui se pressent matin et soir auprès de la fontaine comme « une

» troupe de pauvres attendant une aumône (1),» la municipalité obligea le fontainier à tenir les robinets ouverts, promettant qu'il pleuvrait avant la fête locale Le fontainier protesta, mais obéit. Le château d'eau débita bon train toute - sa réserve. Sur la place, ce fut d'abord une joie bruyante, un concert de louanges, un caquetage tout aquatique Malheureusement la pluie promise n'arriva pas, et le jour de la fête, le réservoir était vide. Grande anxiété! On ne pouvait pas, decemment, laisser les invités souffrir de la soif. A tout prix il fallait de l'eau. Par bonheur, le fontainier connaissait à fond toutes les ressources de son empire. Il savait qu'au dessous du robinet inférieur il y avait un espace sacrifié à l'amoncellement de la vase, et qu'il y restait toujours une certaine quantité d'eau. Il résolut de tirer parti de cette derrière goutte. Pour cela, il fallait pénétrer dans le réservoir. Comment faire? on avait loué l'emplacement où sont les regards. Un cirque landais s'y était établi : on ne pouvait donc pas les laisser ouverts. Un acte de dévoûment devenait nécessaire. Deux hommes de bonne volonté s'offrirent. A l'aurore on les descendit, munis de copieuses provisions, dans le réservoir dont la trappe de pierre se referma sur eux : ils ne devaient plus revoir le soleil..... Et tandis que sur leurs têtes, d'habiles *écarteurs* captivaient la curiosité du public, nos deux mineurs d'un nouveau genre, ayant de l'eau jusqu'à mi-jambe, s'efforçaient, durant tout le jour, à la lueur d'une lampe fumeuse, de puiser, à grands coups de sceaux et de verser dans le tuyau de la fontaine un liquide quelque peu chargé, sans doute, mais suffisant, de l'avis du fontainier, pour sauver du moins l'honneur.

(1) M. Belliard, rapport au corps législatif au sujet de l'établissement des fontaines à Auch.

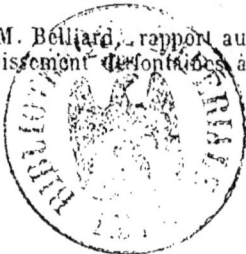

On s'était tiré d'embarras avec esprit, et qui donc s'en étonnerait ? Malgré le succès de l'expédient on sentait le besoin de donner à la ville d'Auch, pour son alimentation d'eau, une plus sérieuse garantie. A cette époque, les merveilles des puits artésiens frappaient déjà les esprits Il était naturel de songer à les mettre à profit pour les populations du Gers. Dans ce but, l'Administration s'adresse à M. Flachat, ingénieur civil. Par une lettre du 16 janvier 1829, M. Flachat fait connaître à M. de Preissac, préfet, que les dépenses préliminaires d'un puits artésien s'élèveront à la somme de 763 fr.

Comment ne pas être tenté ? Aussi, par une lettre du 2 juin 1829, le préfet invite M. Flachat à lui adresser ses propositions pour l'envoi d'ouvriers et d'un appareil de sonde à l'effet d'essayer l'établissement d'un puits artésien dans le département.

Le 27, M. Flachat notifie ses conditions et déclare qu'il est prêt à se rendre à Auch dès que l'Administration le voudra.

Aussitôt M. le préfet répond à M. Flachat de venir le 10 juillet.

Dans cette question, M. de Preissac ne se préoccupait pas seulement des intérêts de la ville d'Auch. Sa sollicitude s'étendait à toutes les communes. Il comptait bien utiliser sur plus d'un point le concours de M. Flachat. Dès le 11 juin, une souscription ouverte par ses soins pour le forage de puits artésiens dans le département avait été expédiée aux sous-préfets chargés de la répandre et de la patronner.

Les adhésions donnèrent une somme de 1,140 fr.

L'assemblée des souscripteurs tenue à la préfecture, le 20 août 1829, prit les résolutions suivantes :

1o *Le premier essai aura lieu dans la ville d'Auch;*

2o Une commission de cinq membres se concertera avec M. Flachat et l'Administration sur toutes les mesures ayant pour objet l'exécution des premiers puits;

3º Sont nommés membres de cette commission,
MM. Solon, Barada, de Laclaverie, Bagnéris et Paris
Lasplaignes; et trésorier, M. Ricaut.

Le même jour, M. le préfet invite M. Flachat à ne
plus tarder de se transporter à Auch.

Enfin, le 1er septembre 1829, un traité est passé
entre M. de Preissac et M. Flachat pour le forage d'un
puits artésien dans la ville d'Auch.

Ce traité n'a pas reçu d'exécution.

Cinq ou six ans après, nous voyons M. Flachat ré-
clamer une indemnité auprès du conseil général du
Gers qui lui alloue 100 fr.; et, suivant les précédents,
cette nouvelle phase de l'affaire se termine là.

V.

L'idée nouvelle d'un puits artésien n'a donc pas eu
plus de bonheur, en 1829, que n'en avait eu, en 1817
et précédemment, le projet de conduire sur la place
principale de la ville la source de Carlés.

Etait-elle digne d'un meilleur sort? Nous laisserons
à de plus compétents le soin de le dire. Toujours est-il
que nous voyons la proposition d'un puits artésien re-
paraitre, vingt ans plus tard, avec la même faveur,
avec le même insuccès; et, pour en suivre les dévelop-
pements, nous demandons la permission d'intervertir
momentanément l'ordre chronologique de notre récit.

En 1849, le département du Gers ayant pour préfet M. de Grouchy, ancien ingénieur des ponts et
chaussées, un concert s'établit entre l'autorité départementale, l'autorité municipale et l'autorité militaire,
à l'effet de pourvoir, à frais communs, au forage d'un
puits artésien sur la place de l'Hôtel-de-Ville d'Auch.
L'opinion de plusieurs savants, et notamment une
note de M. Constant Prévost, servaient de base
scientifique au projet. Pour l'exécution, on s'était

adressé, cette fois, au sieur Fauvelle, sondeur de l'administration de la guerre, qui s'était rendu recommandable par de remarquables travaux en ce genre.

D'après les conditions prop sées, sous la date du 10 mai 1849, par le sieur Fauvelle, le forage d'un puits artésien sur la place d'Auch devait coûter 100,000 fr. environ.

Par une délibération du 19 du même mois, le conseil municipal avait pris l'engagement de payer le tiers de la dépense, et même la moitié, dans le cas où le département ne prendrait pas à sa charge un autre tiers.

L'entreprise devait avoir lieu au nom de la ville, pour son compte et pour celui de deux autres intéressés. Un contrat de société était donc nécessaire. Le conseil municipal y pourvut par une autre délibération du 23 juillet 1849. Il consentit à ce que, sur la quantité d'eau jaillissante qui serait obtenue, il fût attribué, savoir : deux douzièmes à la caserne et un douzième aux édifices départementaux et à l'archevêché. Total, trois douzièmes ou un quart.

Restaient donc trois quarts pour la ville.

Il demeura expliqué que l'administration de la guerre, bien qu'elle ne dût disposer que d'un sixième de l'eau, contribuerait néanmoins à la dépense pour un tiers.

La convention fut ratifiée par le ministre de la guerre. Le conseil général, au contraire, se réserva d'acheter une concession pour les édifices départementaux, lorsque le puits artésien fonctionnerait. Il pouvait d'autant mieux prendre ce parti que le conseil municipal s'était engagé, en cas de refus d'une contribution immédiate de la part du département, à mettre la moitié de la dépense à la charge de la ville. Aussi, l'affaire n'en suivit-elle pas moins son cours.

Par une délibération du 6 juillet 1850, le conseil municipal d'Auch, assisté des plus imposés, vota un emprunt de 70,000 fr., dont 30,000 fr. pour le forage d'un puits artésien.

Cette résolution ne satisfaisait pas tout le monde. Le journal l'*Opinion*, qui était resté, comme on le sait, l'organe des idées de la veille, s'était efforcé, le 3 juin et le 6 juillet, c'est-à-dire dans l'intervalle des deux votes, de représenter le projet d'un puits artésien comme ruineux et infiniment moins digne de confiance que le système précédemment étudié pour élever l'eau de la plaine sur la place.

« Moyennant 40,000 fr., disait-on, M Abadie, de » Toulouse, s'engagerait à faire monter sur le Cours » d'Etigny un volume d'eau *suffisant à l'alimentation de toute la population.* »

M. Abadie offrait bien de *monter* sur la place l'eau de la plaine; mais il restait encore à savoir, ce qui était bien autrement essentiel, comment on trouverait dans la plaine assez d'eau en tout temps et quel nombre de litres par habitant et par jour on promettait de donner. L'article cité se taisait sur ce point.

En outre des 40,000 fr. à payer au sieur Abadie, et sans compter le prix des conduites de distribution et des fontaines, il y avait à pourvoir aux frais d'entretien d'une machine hydraulique; pour cette dépense, 2,000 fr. par an devaient suffire, de l'aveu de l'*Opinion*. Dans cette hypothèse même, le tout équivalait à un capital engagé de 80,000 fr., et cependant l'*Opinion*, résumant son parallèle des deux projets, parlait de la proposition Abadie comme si elle n'eût dû nécessiter qu'une dépense de 40,000 fr.

« Nous voyons d'une part, disait-elle, *une dépense* » *de* 40,000 *fr.*, avec certitude de succès; de l'autre, » une dépense dont on ne peut pas préciser le chiffre, » et dont le succès est problématique. »

On ne prit pas garde d'abord à l'objection; et pourtant, vraie ou fausse, elle devait faire son chemin puisqu'elle le fit.

En effet, l'affaire soumise à l'administration centrale reçut · l'assentiment du ministre de l'intérieur
qui proposa d'autoriser la ville d'Auch à contracter,
sans réduction, l'emprunt de 70,000 fr. deux fois
voté. Mais, au conseil d'Etat, la section d'administration ne partagea pas cet avis. Elle eut comme un reflet
des doutes de l'*Opinion*. Le devis du puits artésien lui
parut *sommaire, approximatif;* suivant le rapporteur,
« avant d'entreprendre un travail dont la réussite est
» si incertaine, il y avait lieu *d'en faire une étude ap-*
» *profondie* par des hommes spéciaux, tant au point
» de vue de la science qu'au point de vue de l'exécu-
» tion. »

Par suite, les 30,000 fr. destinés au forage d'un
puits artésien furent retranchés du projet d'emprunt
autorisé, pour le surplus, par un décret du 2 janvier
1841. L'esprit d'ajournement put enregistrer un
nouveau triomphe; et combien ne dut-il pas en être
fier ! Il venait d'avoir raison contre les délégués de la
population auscitaine, contre des savants, contre des
ingénieurs, contre des officiers du génie, contre le préfet et contre deux ministres..... Comment s'étonner
que, vingt ans plus tôt, le même esprit ait fait échouer
M. Flachat, assez téméraire pour affronter, lui tout
seul, un si redoutable écueil ?

Comme après les précédentes propositions restées
sans suite, on revint d'abord à la source de Bégué,
qu'on ne cessait pas, malgré les plus cruelles décep-
tions, de croire fort abondante.

On résolut donc, pour empêcher les fuites, de construire un barrage en travers du vallon de Peyrusse.
En 1832, on bâtit au-dessous du niveau du sol,
d'un coteau à l'autre, deux murs parallèles dont la
hauteur maximum atteint jusqu'à dix mètres et demi;
et, dans l'espace vide entre ces deux murs, on coula
une troisième muraille en béton.

Ce nouveau travail coûta 13,300 fr.

Il parait impossible qu'il n'ait pas produit tous les résultats qu'on devait raisonnablement en attendre. On n'a pas tardé de reconnaître, toutefois, que ces résultats étaient insuffisants.

Le bruit des découvertes de M. l'abbé Paramelle fit naître à Auch un nouvel espoir. On voulut mettre à profit l'étonnante expérience du célèbre chercheur de sources L'Administration prit des informations sur son compte. Par suite des renseignements reçus, une souscription fut ouverte à la mairie d'Auch, à l'effet de couvrir les frais d'excursion de M. l'abbé Paramelle dans ce pays. Le *Journal du Gers* (15 mars 1836), appuya la mesure, et bientôt les maires de toutes les communes furent appelés à l'imiter (circ. du préfet, 14 avril 1836.).

Peu de temps après, M. l'abbé Paramelle se rendit, en effet, à Auch et monta sur l'une des tours de Ste-Marie, où se pressait sur ses pas un cortége de curieux impatients de connaître son arrêt. On nous assure qu'il y eut parmi eux un indescriptible mouvement de stupéfaction et de désappointement lorsque, étendant le bras dans la direction du vallon de Peyrusse, l'abbé sorcier, comme on l'appelait, désigna ces mêmes sources de Bégué, qui avaient tant de fois trompé l'attente des Auscitains ....

Nous aimons à croire que M. l'abbé Paramelle était d'ordinaire plus heureux. Cependant, cet incident même suffisait pour donner aux prôneurs de la source de Bégué un certain encouragement. Pour les dissuader, un nouveau jaugeage était nécessaire. De plus, le maire demanda et obtint du préfet l'autorisation de pratiquer des fouilles dans la propriété du sieur Mendousse, au vallon de Peyrusse. Les expériences ont produit, par 24 heures, savoir :

Le 14 août 1844. . . . . 14,836 litres.
A la fin du mois. 7,200
Et le 2 septembre. 6,763

C'est-à-dire, au maximum, 1,669 litres de moins qu'en 1780.

La démonstration paraît avoir été décisive. Depuis 1844, il n'a plus été sérieusement question de chercher dans le vallon de Peyrusse l'eau qui manque à la ville; et, si l'on en excepte le projet de puits artésien dont nous avons raconté le malheureux sort, à partir de cette derrière époque, deux seules propositions sont restées en présence. On s'est demandé et on se demande encore : Est-ce dans la plaine du Gers qu'il faut prendre l'eau nécessaire à la ville? Ou bien doit-on, de préférence, l'aller chercher dans les vallons du sud-ouest qui donnent naissance à la source de Carlés?

Nous examinerons l'un et l'autre système.

VI.

La pensée de puiser dans la vallée du Gers les eaux nécessaires à la ville d'Auch a donné lieu à deux systèmes : dans le premier, on les prend au pied même de la ville pour les faire monter au Cours d'Etigny à l'aide d'une machine; dans le second, au contraire, afin d'éviter la nécessité d'une pompe, on arrête les eaux de la rivière du Gers à 19 kilomètres en amont d'Auch, et on les conduit au même point par voie de dérivation, au moyen de dispositions analogues aux travaux exécutés à Constantine.

Avant d'entrer dans l'examen de la première proposition qui conserve encore de respectables sympathies, nous dirons d'abord quelques mots de la dernière : bien qu'elle paraisse entièrement abandonnée, nous ne saurions omettre de la mentionner.

On sait qu'en 1853, M. Gaudin, ingénieur des ponts et chaussées, chargé du service hydraulique dans le département du Gers, a reçu mission de faire des étu-

des sous la direction de M. Colomès de Juillan, ingénieur en chef, pour la solution du grand problème
auscitain Un projet a été dressé, dans la même année, et voici en quels termes on en a rendu compte
au conseil municipal :

« M. Gaudin, ingénieur hydraulique, fut chargé
de ce travail, dit M le rapporteur. Il proposa dans
un mémoire, fort bien fait d ailleurs, d'établir sur le
Gers, à Seissan, un réservoir d'où l eau filtrée serait
conduite sur le sommet de la ville par l'effet de la dé-
clivité, au moyen de tuyaux fermés syphonnant en
plusieurs circonstances.

» Ce projet, qui élève la dépense à 200.000 francs,
non compris les augmentations qui seraient à faire,
d'après les indications de M. Mary, ingénieur con-
sulté par M. Gaudin, fut soumis à M. le Maire avec
une proposition différente de M. Colomès de Juillan.
Ce dernier présentait comme préférable, en raison
de l'importance plus grande des résultats comme du
chiffre plus faible de la dépense, l'établissement au
bas de la ville d'une tranchée destinée à recueillir les
eaux souterraines qui paraissaient y abonder. » (Délib. du 6 nov. 1854.)

Le projet de M Gaudin n'a donc pas eu de suite.
Des hommes compétents lui reprochaient, en effet,
plus d'un défaut.

La rivière du Gers, disaient-ils, est marécageuse :
c'est du ressort des yeux M. Gaudin, à la vérité,
constate qu'elle écoule 57 litres par seconde. Ce chiffre n'est il pas exagéré? En l'admettant pour exact, il
n'en est pas moins vrai qu'un si mince volume d'eau,
lorsqu il est réparti dans un large lit, se trouve péné-
tré par les rayons du soleil qui décomposent les matières organiques de toute nature qu'on rencontre
dans la rivière. Les eaux acquièrent ainsi les principaux caractères des eaux de marecage qui sont très
dangereuses pour l'alimentation. Quelques villes en
ont fait l'expérience à leurs dépens.   2

On répondait, il est vrai, à cette grave objection en faisant remarquer que le projet comprend la construction d'un filtre qui serait placé à l'entrée de la prise d'eau. Mais le filtrage enlèverait-il aux eaux tout principe nuisible? C'est à peine s'il suffirait à les les rendre claires tant elles sont vaseuses. Les eaux filtrées en grande masse restent souvent troubles après le filtrage. La population n'accepterait jamais une eau qui exciterait sa répugnance. Pour remédier à ce danger, faudra-t-il que, dans chaque ménage, on s'astreigne à filtrer les eaux une seconde fois au moyen d'un appareil domestique? Mais il y aurait à cela un bien grand inconvénient, puisque les familles aisées pourraient seules s'assurer le privilége d'avoir de l'eau claire.

D'un autre côté, dès que l'on passe à l'examen de la question d'art, on est frappé du développement de la conduite qui n'a pas moins de 23 kilomètres; presque la distance d'Auch à Mirande.

Une conduite aussi longue présenterait de très sérieuses difficultés d'entretien. Lorsqu'une avarie se manifesterait, il faudrait probablement plusieurs jours pour la reconnaître et y porter remède. Tant que durerait le temps nécessaire aux réparations, comment pourvoirait-on aux besoins de la ville? Il n'y a pas de réservoir de secours, et, bien évidemment, l'on ne peut pas s'en passer. Sans doute, pour alimenter à la fois les fontaines et un grand réservoir urbain, il faudrait au moins un débit de 400 mètres cubes, et M. Gaudin avait donné à la conduite des dimensions telles qu'elle pouvait débiter au plus 250 mètres cubes par jour. C'est grâce à ces dimensions restreintes que la dépense des travaux de conduite et de prise d'eau a pu être limitée à 201,000 fr.

Pour obtenir un débit de 400 mètres cubes, les travaux eussent coûté au moins 300,000 fr., non compris les ouvrages de la distribution de l'eau dans l'intérieur de la ville.

En résumé, par l'adoption du système de M. Gaudin, il n'était possible de s'assurer d'une manière permanente une suffisante quantité d'eau qu'au prix d'un sacrifice tout à fait hors de proportion avec la satisfaction donnée aux habitants.

Par suite de ces objections, les préoccupations du public, guidées d'ailleurs, par l'opinion de M. l'ingénieur en chef Colomés de Juillan, ont été ramenées, dès l'hiver de 1853, au premier système qui consiste à recueillir l'eau dont la ville a besoin, dans ses faubourgs de la plaine, c'est-à-dire à St-Pierre, à St-Martin, à Blazy, etc.

Déjà, de 1842 à 1844, l'administration municipale, apportant dans la question des fontaines une sérieuse sollicitude, des vues étendues et une fermeté de résolution qu'il faut oser louer, avait commencé, au bas de la ville, des recherches qui ont donné naissance à un projet dont le journal l'*Opinion*, du 21 février 1846, dans un *article communiqué*, rendait compte en ces termes :

. . . .

« Les sondages faits dans la plaine du Gers ont produit dans l'été de 1842, été peu sec, il est vrai, une moyenne de 78,342 litres par 24 heures; la tranchée ayant été prolongée en 1844, année de plus grande sécheresse, l'expérience a produit, dans le mois d'août, une moyenne de 84,960 litres. »

Auparavant, l'article que nous citons avait également donné le résumé des expériences faites pour constater le rendement de la source de Carlés et de la source de Bégué; et il ajoutait :

« Tels sont les résultats des divers sondages; on remarquera, comme c'était facile à prévoir, que la plaine du Gers a produit la plus grande quantité d'eau. *Personne ne peut douter qu'en prolongeant suffi-*

*samment la tranchée, on n'obtienne là toute celle que
l'on voudra, mais bien aisément du moins les 20 litres
par 24 heures et par habitant ou les 200,000 litres que
tout système de fontaines complet et prévoyant doit procurer à la ville. »*

Cette confiance qui paraissait si légitime n'était
pourtant pas fondée; à ce sujet, les larges expériences faites en 1854 ne permettent plus d'illusion.
Pour s'en convaincre, il suffit de suivre les opérations pas à pas.

En 1841 et 1842, on creusa dans la prairie de
Mme Vignaux, sur la rive droite du Gers, au levant de la *Garrazic*, une tranchée d'où l'eau était ex-
traite par épuisement et jaugée. Les jaugeages eurent
lieu les 20, 21, 22 et 23 juillet 1842. L'action de la
pompe dura en moyenne 8 heures 30 minutes par
jour. Le débit fut, le premier jour, de 49 litres par
minutes et le dernier de 40 litres seulement. Alors
on augmenta les dimensions de la tranchée dont la
longueur fut portée à 8^m 40^c et la profondeur à 5^m
41^c; et, le 24 septembre, on jaugea de nouveau : le
débit était de 54 litres par minute.

Deux ans après, on prolongea encore la tranchée
de 16 m. 18 c. de longueur; alors les jaugeages
donnèrent, le 27 août 1844, pendant 13 heures un
débit de 59 litres par minute, ou de 84,960 litres par
24 heures.

On voit que la quantité d'eau obtenue s'élève à
peine, à mesure que les dimensions de la tranchée aug-
mentent et qu'il s'en faut que le rendement grandisse
dans la même proportion que la tranchée. En effet,
le 24 septembre 1842, la tranchée a une longueur de
8 m 40 : on obtient 54 litres; plus tard, bien qu'elle
soit prolongée de 16 m. 18, c'est-à-dire triplée,
le débit maximum, au lieu de tripler de même et de
s'élever à 162 litres, ne dépasse pas 59 litres

Aussi, M. l'architecte Lodoyer, en rendant compte

des jangeages à M. le maire, faisait-il remarquer *que
les infiltrations avaient été continuellement en diminuant,
et que si cette progression décroissante se maintenait
même pendant un petit nombre de jours, l'eau qui pourrait être prise dans la prairie de Mme veuve Vignaux se
réduirait à peu de chose et serait même par trop insuffisante pour l'alimentation de la ville.*

Cette observation sur la progression décroissante
du débit fût devenue bien autrement saisissante,
d'ailleurs, si le jaugeage eût continué. Mais il faut
remarquer qu'on était retombé en 1842 et 1844
dans l'erreur déjà commise en 1780, lors des premiers jaugeages de la source de Bégué. Au lieu d'assurer à l'eau un écoulement continu, on épuisait la
tranchée jusqu'à une grande profondeur avec des
pompes qu'on manœuvrait un nombre déterminé
d'heures en ayant soin de maintenir le niveau de
l'eau toujours à la même profondeur. On mesurait
le volume d'eau enlevé par les pompes pendant ce
nombre d'heures et on déterminait ainsi les débits.

Cette erreur de méthode commise dans les jaugeages n'avait, au reste, rien de local. Il était assez naturel de faire à Auch l'application des procédés dont
la ville de Toulouse elle même s'était servie peu de
temps auparavant. Aujourd'hui chacun sait que là où
la ville de Toulouse avait compté sur 200 pouces
fontainiers il n'y a eu en réalité que 60 pouces et
qu'il a fallu, par suite, agrandir les premiers travaux.

Pour qu'on fût en mesure à Auch d'affirmer que
dans la tranchée ouverte et agrandie de 1842 à 1844
on n'avait pas affaire à un amas d'eau épuisable,
mais bien à une ressource se renouvelant incessamment et par conséquent permanente, il aurait donc
fallu prolonger longtemps et sans interruption les
expériences.

VII.

Dans l'étude de la question de savoir si la ville d'Auch peut trouver pour son alimentation une suffisante quantité d'eau potable sur les bords du Gers, la nécessité d'expériences prolongées ne pouvait pas échapper à M. l'ingénieur Colomés de Joillan. Aussi, lorsque, en 1853, nous voyons ce chef de service proposer d'ouvrir une tranchée, de l'est à l'ouest, entre le grand quai et le chemin des capucins, il demande expressément :

1º Qu'elle soit approfondie partout jusqu'à la rencontre du terrain rocheux;

2º Qu'il y soit établi des pompes capables d'opérer l'épuisement des eaux qui s'y rendront, et qu'elles soient tenues en *action assez longtemps pour que la constance du débit se soit parfaitement établie;*

3º Qu'il soit enfin constaté avec précision quel volume d'eau cette tranchée se montrera capable de fournir avec permanence. *(Rapport du 18 nov. 1853.)*

Les dispositions indiquées ont été exactement suivies. M. Colomés de Joillan le constate lui-même dans un second rapport du 11 août 1854, où nous lisons ce qui suit :

« Ce programme, dit M. l'ingénieur en chef, a été exécuté, et afin de donner au hasard le moins possible, avant de procéder à l'ouverture générale de la tranchée, deux puits ont été creusés aux deux extrémités pour savoir si l'on avait chance de trouver des eaux sourcillantes dans toute l'étendue. L'un et l'autre en ayant fourni, surtout celui de l'extrémité occidentale, on s'est mis à l'œuvre sur la tranchée entière, qui a été, sur toute son étendue, approfondie jusqu'au tuf rocheux; et voici les faits précieux qu'elle est venue révéler, qu'elle seule pouvait mettre en lumière.

« Le plus imprévu de tous, c'est que les eaux qui
viennent y sourdre arrivent de l'aval au lieu de
l'amont, comme il était plus naturel de le supposer.

» Voilà donc à peu près convaincue d'erreur cette
opinion locale, assez répandue, que, le long de la vallée du Gers et sous son plat-fond, une couche grave-
leuse qui y existe sous une importante masse d'argile,
recueillant les infiltrations du Gers à mesure qu'elles
se produisent, les coule souterrainement par une nappe
d'eau continue. Cette nappe d'eau souterraine, si elle
existe quelque part dans la région supérieure de la
vallée, est donc certainement interrompue ou déviée
avant d'arriver à la tranchée ouverte dans la prairie
de l'hôpital; et les eaux qu'on y trouve pour n'arriver
comme elles le font, que de l'aval, si elles ont l'amont
de la vallée pour origine, seraient donc obligées de faire
retour par une voie inconnue et détournée.

» Un autre fait important se trouve aussi mis en
lumière. Ces eaux souterraines se montrent absolument
indépendantes du Gers local. J'en trouve l'indice certain dans ces faits remarquables que les sourcillements
de la tranchée, loin de s'accroître vers l'extrémité qui
s'approche le plus du Gers, y diminuent au point de
finir par s'y effacer complètement et que les puits creusés immédiatement sur les bords de la rivière, quoique
approfondis jusqu'à la couche rocheuse, ont donné
beaucoup moins d'eau que ceux qui en sont plus éloi-
gnés.

» Au reste, il suffit d'avoir vu la nature essentiellement argileuse et étanche du sous-sol de la vallée
superposée à la couche hydraulique et de savoir qu'il
en reste une épaisseur de plusieurs mètres sous les
creux les plus profonds du lit du Gers pour être à peu
près certain que nulle infiltration de ce cours d'eau
n'est à craindre dans toute la traversée d'Auch; et il
n'est pas d'opinion moins fondée sur les faits appa-
rents, anciens ou récents, que celle qui redouterait de

trop abondantes déperditions du lit du Gers, dans le cas où on réaliserait le l arrage projeté.

» Ainsi donc, plus que jamais. l'on peut croire que les eaux souterraines trouvées dans cette vallée ont une origine lointaine qui leur assure tous les avantages de pureté, de limpidité et de fraîcheur des meilleures eaux de source. »

Restait à constater le rendement de ces eaux. Les premiers épuisements faits dans la tranchée ne répondirent pas aux espérances qu'on avait conçues. De nouvelles expériences eurent lieu, et voici en quels termes il en fut rendu compte au conseil municipal, dans sa séance du 6 novembre 1854 :

« Loin de reculer devant cet insuccès, dit le rapporteur. M. le préfet, qui avait suivi les travaux de la tranchée avec la plus vive sollicitude, eut l'heureuse inspiration de faire creuser plusieurs puits en amont et en aval de la rivière Cette fois le succès couronna l'œuvre.

» D'accord avec M. le préfet et M. Colomès de Juillan, nous avons profité des longs jours de sécheresse pour faire procéder simultanément à l'épuisement énergiq e de la tranchée, des puits des Coutures et de ceux d'Aylies et de Molés. Cet épuisement terminé, et après que toutes les réserves dues à la hauteur où le niveau était antérieurement tenu se sont trouvées absorbées par l'écoulement. le jaugeage a commencé par les soins de M. Lodoyer, sous la direction de M. Colomès de Juillan.

» Cette opération importante, car elle était décisive, commença le 22 septembre; elle s'est continuée sans interruption jusqu'au 22 octobre.

» A cette date du 22 octobre, nous vous donnâmes un aperçu des résultats obtenus ; nous vous proposâmes de faire cesser le jaugeage parce que, dans notre pensée, la constance du débit des puits expérimentés était suffisamment établie.

» Un membre fit observer que le jaugeage des puits Aylies et Molès n'avait pas commencé aussitôt que lés autres, qu'il serait utile dès lors de le continuer pendant 8 jours. Cette proposition fut accueillie unanimement : l'épuisement et le jaugeage de ces deux puits n'a cessé que le 31 octobre.

» *Cette décision fut une bonne chose, car, du moment où nous la prenions, les expériences constataient une diminution de plus de 38,000 litres d'eau dans les deux puits.* LE LENDEMAIN ET LES JOURS SUIVANTS ILS REVINRENT A LEUR ÉTAT NORMAL.

« D'autres expliqueront sans doute les variations journalières constatées, variations que quelques personnes attribuent aux influences atmosphériques; quant à nous, nous nous bornons à les signaler. »

Là s'arrêtait, en effet, dans le compte-rendu soumis au conseil municipal, l'exposé des circonstances de l'épuisement et du jaugeage de la tranchée et des puits. M. le rapporteur donnait ensuite le chiffre du rendement. « En raison des variations dont nous venons de parler, disait-il, nous avons établi nos chiffres en prenant pour base le terme moyen du rendement des dix derniers jours. »

Limiter ainsi les points d'observation, n'était-ce pas précisément renoncer au bénefice de la durée même des expériences ? La cause est si grave qu'on ne saurait en faire l'instruction trop minutieusement. Lorsque trente et un témoins sont là, qu'aucun d'eux d'ailleurs n'est récusable, pourquoi donc n'en interroger que dix ? N'est-il pas préférable de les entendre tous ? Dans cette grande question, il importe d'éviter tout malentendu. Il s'agit des plus chers intérêts de la ville : chacun doit être mis à même, pièces en main, d'apprécier et de prononcer.

Rétablissons donc l'enquête de 1854 dans toute son étendue.

VIII.

La délibération du conseil municipal d'Auch, en date du 6 novembre 1854, nous apprend que les expériences faites dans la plaine, au bas de la ville, ont commencé le 22 septembre précédent et ont été continuées, sans interruption, jusqu'au 22 octobre.

DATES.	Puits Salles.	DÉBIT EN LITRES		
		Grande tranchée.	Puits no 1.	Puits no 2.
22 septembre 1854..	»	92,243 68	50,232 96	33,229 44
23 id.	»	82,468 80	41,947 20	30,395 52
24 id.	»	61,335 36	33.065 28	26,498 88
25 id.	»	48,248 48	39,208 80	24,406 27
26 id.	»	54,578 88	37,212 91	24,223 97
27 id.	»	36,931 25	37,201 25	22,254 30
28 id.	»	32,138 64	37,751 61	22,063 10
29 id.	»	32,302 36	37,195 20	21,437 20
30 id.	»	28,703 80	40,077 93	21,920 53
1er octobre 1854 ...	»	26,213 75	38,223 79	21,523 52
2 id.	»	28,415 23	39,127 53	20,094 04
3 id.	»	26,360 64	35,347 10	19,331 56
4 id.	»	24,483 17	38,759 04	20,819 38
5 id.	»	23,010 91	36,303 98	20,265 12
6 id.	»	22,548 62	36,262 67	21,044 88
7 id.	»	20,148 48	36,870 34	19,957 54
8 id.	»	20,863 44	37,418 11	19,398 10
9 id.	»	16,727 90	38,047 97	17,783 71
10 id.	»	18,606 67	36,703 58	19,989 07
11 id.	11,009 16	20,502 72	38,047 97	19,609 21
12 id.	»	18,931 53	39,529 30	19,786 90
13 id.	»	18,334 51	35,662 25	18,254 16
14 id.	»	19,109 52	38,399 62	19,636 13
15 id.	»	16,427 06	40,658 54	19,470 68
16 id.	»	18,118 94	37,701 50	20,022 77
17 id.	»	25,418 05	39,124 51	21,029 76
18 id.	»	16,842 82	36,246 18	20,987 86
19 id.	»	17,171 57	37,701 50	21,673 87
20 id.	»	15,161 04	39,530 16	22,191 41
21 id.	»	18,210 96	37,661 76	20,904 48
22 id.	»	16,837 20	39,138 34	21,966 34
Totaux des 31 journées	11,009 16	917,395 98	1,186,418 88	672,169 70

Notons, avant d'aller plus loin, que, dans l'intervalle de ces deux dates, la sécheresse n'a pas été grande. Il est tombé, en août, 62 millimètres d'eau; et il a plu, même en octobre, le 2, —(6 millimètres),— et, le 6, (4 millimètres).

Cette observation faite, copions maintenant les bulletins quotidiens des jaugeages constatés par M. Lodoyer. En voici le relevé :

PAR 24 HEURES.				
Puits Molès.	Puits no 4.	Puits no 5.	Puits Aylies.	Total général par chaque journée.
»	77, 548 32	93, 813 12	»	347, 067 5
»	75, 841 92	82, 641 60	»	313, 295 04
»	76, 885 63	53, 212 03	»	250, 997 1
»	63, 317 37	51, 599 81	»	226, 840 7
»	72, 271 01	57, 926 88	103, 658 40	349, 872 0
»	64, 706 69	70, 191 36	116, 087 04	347, 371 8
»	79, 665 55	63, 824 97	118, 329 12	353, 772 9
»	63, 565 34	60, 999 69	113, 180 11	328, 679 9
»	60, 324 91	49, 681 72	101, 196 43	301, 905 3
»	58, 295 37	52, 374 81	98, 594 06	295, 225 30
»	57, 111 69	52, 100 49	91, 003 82	287, 852 8
»	50, 282 20	41, 784 76	69, 920 06	243, 026 32
»	56, 712 53	54, 431 14	91, 542 53	286, 747 79
»	59, 249 23	48, 653 13	89, 213 63	276, 696 »
»	63, 807 26	50, 734 51	97, 793 11	292, 191 05
»	56, 799 36	47, 169 65	91, 077 70	272, 022 07
»	54, 640 12	47, 020 61	83, 677 84	263, 018 2
»	60, 857 14	49, 593 17	72, 380 74	255, 390 6
»	53, 940 82	38, 959 49	78, 310 80	246, 510 4
»	55, 108 51	48, 431 52	68, 950 22	261, 659 3
178, 200 »	61, 549 20	46, 660 75	66, 947 04	431, 604 7
150, 379 63	47, 647 44	34, 796 74	49, 459 61	354, 525 34
110, 230 42	48, 339 07	41, 821 06	49, 274 78	326, 810 6
97, 895 82	56, 578 18	41, 158 37	46, 950 62	319, 139 27
89, 929 01	49, 395 74	42, 917 38	36, 390 81	294, 476 1
82, 790 21	44, 777 23	36, 446 11	37, 783 15	287, 369 02
89, 610 09	59, 719 25	36, 510 05	41, 111 71	301, 027 9
76, 687 34	71, 889 55	39, 308 97	41, 131 58	305, 564 3
83, 293 49	65, 780 64	37, 976 69	38, 280 25	302, 213 6
76, 193 92	58, 353 70	33, 920 20	36, 089 28	281, 334 30
47, 201 62	58, 574 02	34, 855 49	26, 741 66	245, 314 67
1, 082, 411 55	**1, 883, 534 99**	**1, 541, 516 27**	**1, 955, 067 10**	**9, 249, 523 63**

En jetant les yeux sur ce tableau, on voit claire-
ment comment les choses se sont passées.

Du 22 au 25 septembre, on a d'abord opéré simultanément sur cinq points : la grande tranchée et
les puits nos 1, 2, 4 et 5. Le rendement total a diminué progressivement. Le quatrième jour, la diminution était de 120,266 litres par 24 heures, soit de
33.48 pour cent.

A partir du 26 septembre. l'épuisement simultané
a lieu aux cinq points ci-dessus désignés, et, de plus,
au puits Aylies. Aussi le rendement total se relève,
même au-dessus du chiffre du premier jour. Le 27,
une notable diminution se manifeste. Le 28, il y a
reprise : on dépasse 353,000 litres ; mais, le lendemain, on n'a plus que 328,000 litres, puis successi-
vement le débit baisse ; et, même après une assez
forte pluie dans la journée du 9 octobre, il descend,
le 10, jusqu'à 246,510. La diminution sur le résultat du 26 septembre est de 29,95 pour cent.

Le 11 octobre, le jaugeage remonte à 261,659.31,
parce que ce jour-là on agit, en outre des autres
points désignés, sur le puits Salies, qu'on abandonne
le lendemain pour se porter au puits Molès.

A partir du 12 octobre, l'action des pompes se fait
sentir sur sept points à la fois. Tout d'abord on obtient 431,604 litres. C'est le chiffre maximum. Le 14,
on n'a plus que . . . . 326,810 litres.
  Puis, le 15. 319,139
       le 16. 294,476
       le 17. 287,369
Les journées des 18, 19 et 20 sont meilleures ; enfin, le débit redescend, le 21, à 281.000, et, le 22, à
245,000 litres Ce dernier jaugeage, comparé aux résultats du 12 octobre, présente une différence en
moins de 186,290. La diminution dépasse 42,93 pour
cent.

Il semble que, dès ce moment, on pouvait conclure.

On ne le fit pas. On résolut de continuer les expériences, mais seulement aux puits Aylies et Molès.
Voici le relevé des jaugeages constatés :

Débit par 24 heures.

	Puits AYLIES.	Puits MOLÈS.	TOTAL.
23 octobre.	38,100 67	64,871 28	102,971 95
24 —	39,495 60	61,502 11	100,997 71
25 —	38,214 72	48,191 33	86,406 05
26 —	36,108 72	83,187 94	119,296 66
27 —	35,171 71	66,701 23	101,872 94
28 —	41,080 18	75,024 14	116,104 32
29 —	44,940 53	59,385 74	104,326 27
30 —	47,342 45	49,193 14	96,535 59

Ainsi, les puits Aylies et Molès, qui avaient donné,
le 22 octobre, quand l'épuisement avait lieu sur sept
points différents, seulement 73,943 28, fournissent
tout à coup, le lendemain du jour où les cinq autres
pompes s'arrêtent. 102,000 litres; et, comme nous
l'avons vu, M. le rapporteur de la commission nom-
mée par le conseil municipal tire de cette augmentation subite un argument en faveur de la question.

Cette conclusion n'était-elle pas un peu hasardée ?
Il faut remarquer d'abord que le 23 il a plu beaucoup (18 millimètres). N'était-on pas autorisé, d'ailleurs, à penser que, si le rendement des puits Aylies
et Molès s'était brusquement relevé de 37 0/0 le
jour où cessaient les épuisements sur d'autres points,
la coïncidence de ces deux faits pouvait révéler entre
eux une étroite connexité ?

On était conduit, au reste, à ce raisonnement par
les observations recueillies dans l'enquête que MM.
Planche et Nestier avaient faite sur les lieux le 30

septembre 1854. En effet, ces Messieurs venaient
d'enregistrer des déclarations comme celles-ci :

« M. Lacaze. âgé de 60 ans, propriétaire d'un
» hectare de terre, au levant du puits Aylies, depuis
» 1817, dit :

» Je possède un puits d'une profondeur de huit
» mètres environ. *J'ai toujours un mètre d'eau* ; dans ce
» moment, je n'ai que 0^m 60 centimètres d'eau »

Le procès verbal relate quelques détails donnés par
le déclarant au sujet des puits d'Abadie, Molès et Sin-
gès assez voisins du sien ; puis il ajoute :

« M. Lacaze observe que, depuis l'épuisement du
» puits Aylies (épuisement commence il y avait cinq
» jours), les puits désignés baissent un peu. »

« M. Darré (François), brassier, dit :

« J'ai travaillé à la construction des puits d'Aylies et
» de Molès. Les ouvriers éprouvèrent une grande dif-
» ficulté pour la construction de ces puits, parce que
» l'eau était trop abondante. Il déclare que *lorsqu'on*
» *construisit le puits de Molès, les eaux du puits Aylies*
» *éprouvèrent une perturbation ; il veut dire que les eaux*
» *se troublèrent*, mais que jamais ce puits ne tarit et
» qu'il a été toujours très abondant. Il a déclaré que
» depuis l'épuisement du puits d'Aylies, les nommés
» Darré, Simonet, veuve Prieur, Dorbes, maçon, et
» Joseph Dupuy *remarquent que leurs puits diminuent.* »

Il y avait dans l'ensemble de ces faits un saisissant
enseignement.

IX.

Si l'on examine les lieux des opérations de 1854,
nous faisait remarquer naguère M. l'ingénieur Robaglia, on ne tarde pas à reconnaître que la grande tranchée et les points soumis aux expériences sont situés
dans le prolongement du vallon du Barrail, qui con-
tourne légèrement de l'est au sud-ouest perpendiculai-

rement au Gers. Il est évident pour lui que les eaux obtenues viennent de là. Au fait, toutes les observations recueillies concourent à prouver que cette opinion est fondée.

Déjà, nous l'avons noté, M. Colomés de Juillan a constaté que, dans les fouilles, on voyait l'eau sourdre de l'aval à l'amont. Or, si l'on fait attention que le vallon du Barrail, relativement à la rivière, infléchit en effet vers l'amont, le phénomène de la direction du sourcillement est tout expliqué. Les eaux souterraines s'écoulent suivant la pente du vallon vers la rivière. Leur vitesse diminue à mesure que l'inclinaison s'abaisse. Ainsi, dans la tranchée dont le plafond est presque horizontal, elles se renouvellent moins rapidement que dans les puits supérieurs.

Il ne s'agit pas, d'ailleurs, d'un courant, mais bien d'un amas d'eau amoncelé dans le banc perméable. On a vérifié que, sur une même ligne horizontale et à d'assez grandes distances, la hauteur de ces eaux au-dessus du niveau de la mer reste identique dans le bas du vallon et se relève dès qu'on remonte les versants. Un nivellement simultané sur les huit principaux puits du vallon a donné les cotes suivantes :

Première ligne inférieure, du nord au sud.

Puits Bourdil,	Puits Aylies,
129 47.	129 54.

Seconde ligne.

Puits Darré,	Puits Molès,	Autre puits Molès,
129 55.	129 55.	129 52.

Troisième ligne

Puits du pré Bourdil,	Puits Singés,
129 64.	129 70.

Quatrième ligne.

Puits Lacaze,
131 57.

Comment donc ne pas reconnaître que les eaux de la tranchée et des puits Aylies, Molès, etc., bien qu'elles présentent, quant à la qualité, quelques différences qui peuvent tenir à la nature du sol où elles passent ou séjournent, font bien évidemment partie d'un même réservoir qui s'alimente non par le Gers, mais bien par les coteaux? Les témoignages abondent :

Lorsqu'on a creusé le puits Molès, les eaux se sont troublées dans le puits Aylies, qui est situé au-dessous.

Pendant les expériences de 1854, l'eau baissait dans tous les puits du vallon y compris celui du sieur Lacaze, qui est le plus élevé.

Au contraire, la hauteur de l'eau mesurée également chaque jour ne présentait aucune différence sensible dans tous les puits situés au-dessous de la tranchée, au nord des maisons qui bordent la route de Toulouse, c'est-à-dire en dehors de l'évasement du vallon du Barrail et dans le talweg même de la vallée du Gers.

D'un autre côté, les puits creusés exprès en amont de la tranchée, dans la vallée du Gers, n'ont exercé aucune influence sur les points de jaugeages établis au-dessous; et l'un de ces puits, situé dans l'ancien lit du Gers et très près du nouveau, a même présenté cette particularité qu'au lieu d'eau potable il a donné une eau assez fortement ferrugineuse pour rendre d'utiles services médicaux.

Enfin, lorsqu'on a interrompu cinq pompes sur sept, les deux pompes restées en action aux puits Aylies et Molès ont aussitôt donné un rendement d'un tiers plus abondant.

En résumé, il ne s'est établi de débit constant nulle part, et sur tous les points il y a eu, du premier jour au dernier, une progression décroissante.

En présence de ces faits, il importe peu de recher-

cher quel a été le rendement moyen, soit pour les dix
derniers jours, soit pour toute la durée des expériences. Il est certain qu'on aurait pu élever encore le
rendement total en multipliant les points d'épuisement. Un réservoir étant donné, si l'on y établit suc-
cessivement deux pompes, puis quatre, puis six, né-
cessairement, après chaque augmentation de force
aspirante, on en tirera une plus grande quantité
d'eau à la fois; mais aussi le réservoir sera mis d'autant
plus vite à sec.

Il s'en faut bien, d'ailleurs, que dans les expériences de 1854 la quantité d'eau recueillie se soit accrue
dans la même proportion que les forces dépensées
pour l'obtenir. Les pompes se nuisaient entre elles, et
l'on se demande combien de temps elles eussent pu
continuer d'être alimentées?

Le rendement total, le 22 octobre, a été de 245,314.
La progression décroissante qui s'est manifestée
sur tous les points autorise à penser que si les expériences eussent été continuées le rendement fût tombé
encore plus bas. On nous accordera tout au moins
qu'avant la fin de la sécheresse il ne fût pas remonté.

Or, si l'on considère que dans ce chiffre de
245,314 sont comprises pour 61,104 litres les eaux
des puits n° 1 et 2, déclarées mauvaises par les chi-
mistes qui en ont fait l'analyse à la demande du conseil municipal, il resterait tout au plus, comme eau
potable, 184,209 litres par 24 heures.

Ce ne serait pas assez.

Nous lisons, en effet, dans la délibération du conseil municipal, en date du 5 novembre 1854, ce qui suit:

« Interrogé sur la quantité d'eau nécessaire à la
la ville, voici ce qu'écrivait M. Abadie le 23 avril
1839 : « je peux vous dire que la ville d'Auch peut
» être dotée de huit à dix fontaines répandues dans
» différents quartiers, chaque fontaine fournissant un
» pouce d'eau fontainier, ce qui ferait pour 10 fon-

2*

» taines 200,000 litres par 24 heures, quantité qui,
» pour une population de 10,000 âmes, donne 20
» litres par individu et par 24 heures, ce qui est plus
» que suffisant. »

Toutefois, la délibération ajoute :

« M. Mary, ingénieur, dont nous avons déjà
parlé, dit *qu'il en faudrait le triple pour pourvoir à des
établissements de bains et autres consommants d'eau.* »

A cette dernière objection, M. le rapporteur répond qu'il faut ajouter aux eaux qu'on tirera de
la plaine celle qu'on a déjà et qu'il énumère comme
il suit :

1re *qualité.* EXCELLENTISSIME.	Porte-Neuve. (1)	7,605 lit.
	Fontaine Rogegat	4,404
	3 Pipots......	8,176
	St-Pierre......	24.000
2e *qualité.* EXCELLENTE.. Juillan.......		5,062
4e *qualité.* BONNE...... Baron.......		7,322
Total..........		56,569

5e *qualité.* INFÉRIEURE.	Pompe du pont de la Treille.	
	Puits de Lacomme.........	
	— de Sabatier.........	non jaugés.
	— de Gautier	
	— de Serres	
6e *qualité.* TRÈS INFÉRIEURE.	Tous les puits de la ville qui ne sont pas classés dans les cinq premiers numéros.	

Tel est donc l'ensemble des ressources qu'aurait la
ville pour son alimentation d'eau, d'après le système
étudié dans les années 184·, 1844 et 1854.

Il nous reste à mentionner les dépenses que né-
cessiterait l'application de ce système.

(1) Le 2 septembre 1844, le débit n'a donné que 6,763
litres. *L'Opinion,* 26 février 1846, *article communiqué.*

On lit dans la délibération du 6 novembre 1854 ce qui suit :

« Bien que nous n'ayons pas, en ce moment, à nous préoccuper de la dépense qu'exigera ce dernier projet (la distribution en ville des eaux de la plaine), nous pouvons vous dire, à titre de renseignement, que M. Colomès de Juillan ne l'évalue pas à plus de 60,900 fr., somme égale à celle qui a été dépensée à Lourdes pour un travail semblable.

» Nous allons aussi vous donner lecture d'une lettre de M. Abadie, par laquelle il offre de se charger de tout le mécanisme, tuyaux, fontaines, etc., excepté de l'achat du terrain, moyennant 78,000 fr, et ne porte qu'à 2,600 fr. la dépense annuelle de combustible. »

Ainsi, il faudrait une première somme de 78,000 fr., une fois payée, plus une dépense annuelle de 2,600 fr., qui représente, à 5 0[0, un capital de 52,000 fr. : voilà déjà 130,000 fr. De plus, il y aurait à payer le mécanicien, le chauffeur et l'entretien des machines, à payer le terrain où serait établi le château-d'eau, à payer le terrain de la tranchée, à payer les puits Aylies, Molès, etc.; et il serait impossible à l'Administration de s'abriter derrière le droit strict, pour refuser des indemnités à tous les propriétaires dont les puits tariraient par l'effet des travaux de la ville. Ces derniers éléments de dépense peuvent s'élever bien haut, et, à ce nouveau point de vue, nous sommes encore en face de l'inconnu.

Au reste, cette considération disparaît en présence de l'éventualité d'une diminution considérable dans les rendements, question bien autrement importante que celle de la dépense. Il y a là comme un vice radical, duquel on ne peut détacher ses regards, et qui demeure, quoi que l'on fasse, un sujet de profonde inquiétude dont le conseil municipal lui-même n'a pu se dégager.

En effet, au moment où le conseil municipal, adop-

tant la rédaction du Rapporteur, déclare « qu'ayant
acquis la certitude qu'il existe dans la plaine du
Gers assez d'eau potable pour fournir à tous les
besoins de la population, il décide en principe que
le projet de distribution de cette eau pour l'alimentation de la ville d'Auch est préféré quant à présent, »
nous le voyons cependant craindre encore de s'abu-
ser, et chercher à se prémunir contre de nouveaux
mécomptes. Tout aussitôt il ajoute, dans cette même
délibération, les lignes suivantes par lesquelles il termine : « M. le maire est invité à faire faire de nouvelles fouilles, jaugeages et analyses dans la prairie de
l'île de St-Martin, où on assure qu'il existe une grande
quantité d'eau, sinon supérieure au puits Molès, du
moins égale. M. le maire pourra étendre ces fouilles
sur d'autres points s'il le croit utile. Le conseil se réserve de prononcer ultérieurement sur les divers projets
qui lui seront soumis pour fournir de l'eau à la ville. »

Quelques jours après, des jaugeages eurent lieu
dans l'île de St-Martin. En voici les résultats :

Le 24 novembre	....	24,349 litres.
25 —	....	19,025 —
26 —	....	19,698 —
27 —	....	18,295 —
28 —	....	11,169 —

Ici encore nous voyons se reproduire ce même fait
significatif : la progression décroissante.

L'ensemble des expériences faites prouvait donc,
comme l'avait établi, dès le début, M. l'ingénieur
Colomès de Juillan, que les eaux qu'on trouve dans
la plaine, au pied de la ville, viennent des vallons
de l'est, et qu'il n'est pas possible de compter sur le
infiltrations du Gers pour alimenter les galeries laté-
rales au moyen desquelles on avait espéré pouvoir se
procurer l'eau nécessaire à la ville.

Si l'on avait pu d'abord augurer du contraire
d'après les bons effets obtenus à Toulouse d'un tra-

vail analogue, il demeurait désormais démontré que la différence des résultats tenait à une notable différence de situation. La ville de Toulouse, il est vrai, a établi, vers 1830, des fontaines alimentées par des eaux puisées dans des galeries creusées sur les bords de la Garonne et le succès de l'entreprise a été complet.

On a voulu suivre le même système à Glascow, le long de la Clyde; mais là le terrain est vaseux, la rivière n'a que peu d'écoulement et les galeries creusées sur ses bords n'ont à peu près rien produit. Les travaux ont dû être abandonnés.

En effet, il est reconnu maintenant que deux conditions sont nécessaires pour la réussite du système employé à Toulouse; il faut : 1º que les galeries soient ouvertes dans des alluvions non vaseuses; 2º que la vitesse de l'eau dans le lit naturel soit assez grande pour enlever les *troubles* qui se déposent sur les parois du lit.

Or, ces deux conditions sont irréalisables à Auch, attendu qu'aux abords du Gers les terres sont compactes et étanches, et que les eaux de la rivière sont stagnantes pendant une grande partie de l'année.

Des personnes ont pensé que cet état de choses serait avantageusement modifié par la dérivation des eaux de la Neste. C'est encore une erreur.

Le canal que le gouvernement fait construire en ce moment pour dévier les eaux de la Neste en amont de Sarrancolin et les conduire sur le plateau de Lannemezan a pour objet les irrigations. Trois vallées de notre département, celles de la Save, du Gers et de la Baïse sont appelées à en profiter. On destine à chacune de ces vallées deux mètres cubes d'eau par seconde. Si ces eaux étaient simplement jetées dans le lit de la rivière, elles ne seraient utiles qu'aux usines. Pour les employer à l'irrigation, il faut pouvoir les distribuer dans la plaine à l'aide d'un canal creusé à flancs de coteaux. Les tracés de ces canaux sont actuellement à l'étude. On s'est demandé pourquoi le canal à établir dans la vallée du Gers ne servirait pas à l'alimentation de la ville d'Auch. C'est, en effet, au moyen d'un canal qui prend ses eaux dans la Durance qu'est alimentée la ville de Marseille. Mais il ne faut pas perdre de vue que les nécessités de l'irrigation sont incompatibles avec celles de la boisson. On a tout intérêt, pendant une partie de l'année, à irriguer avec des eaux troubles, tandis qu'il est indispensable en tout temps que les eaux ménagères soient limpides. Or, le canal de Marseille a été construit aux frais de la ville; on a pris toutes les précautions possibles pour conserver la limpidité et la pureté des eaux. Les irrigations ne constituent pour ce canal qu'un but tout à fait accessoire. Et cependant, il a fallu, dans l'intérêt même de la ville, établir à grands frais des moyens d'épuration.

Le canal de la vallée du Gers sera probablement construit par l'industrie privée particulièrement pour l'irrigation, et la ville d'Auch ne pourrait y puiser de l'eau qu'aux mêmes conditions que les propriétaires irrigants. Ces eaux seraient donc souvent troubles et nécessiteraient un filtrage artificiel. En outre, est-il certain que les irrigations en amont d'Auch n'absorberont pas la majeure partie des deux mètres cubes attribués à la vallée du Gers? Il n'est pas douteux, du moins, qu'au-dessus de la prise d'eau destinée à la ville d'Auch le volume serait faible.

Les eaux couleraient donc lentement et présenteraient ainsi pour l'alimentation, quoique à un degré moindre, les mêmes inconvénients que celles de la la rivière du Gers.

Milan est traversé par de grands canaux d'irrigation et de navigation; mais les habitants se gardent bien d'y puiser pour les besoins domestiques : ils emploient exclusivement, pour la boisson, des eaux de puits qu'ils ont le soin de mettre à l'abri des infiltrations des canaux.

Pour l'alimentation des fontaines d'Auch, on ne peut donc compter ni sur les ressources du « plateau oriental,» ni sur les infiltrations du Gers, ni enfin sur la dérivation des eaux de la Neste.

X.

Les expériences faites en 1854, dans la plaine au bas de la ville d'Auch, bien qu'elles n'aient pas répondu aux espérances qu'on en avait conçues, ont été néanmoins fort utiles. Il en est resté, comme résultat d'étude, un fait considérable : la certitude de trouver aux environs d'Auch des eaux souterraines à une très petite profondeur dans tous les vallons d'une formation géologique analogue à celle du vallon du Barrail.

Ce fait était un trait de lumière. On ne pouvait plus douter qu'il n'y eut de l'eau à proximité de la ville. Il ne s'agissait désormais que de découvrir la contrée qui en offrirait en plus grande abondance et dans des conditions à permettre d'en disposer aisément pour les besoins de la cité.

Tel fut le point de départ des recherches entreprises, en 1855, par M. l'ingénieur Robaglia, auquel le conseil municipal venait de confier la continuation des études si sérieusement conduites les années précédentes. (Délib. du 19 mai 1855.)

Naturellement, M. Robaglia devait porter ses investigations sur les points où la présence de l'eau est accusée par des sources réputées exceptionnelles.

« J'ai fait jauger la source d'Emmare et la source
» de Claire-Fontaine, dit cet ingénieur, dans son rap-
» port du 8 août 1857. La première, située à 24 mè-
» tres, en contrebas du niveau de la place impériale, a
» donné dans le mois d'août 61 litres par minute ; la

» seconde, à la même époque, n'a donné que 4 litres
» 58 centièmes » — Il fallait évidemment obtenir des
eaux plus élevées et plus abondantes.

De tout temps, la source de Carlés avait été si-
gnalée par l'opinion publique comme importante ;
et nous avons vu qu'en 1696, il avait déjà été reconnu possible de l'amener sur la place de l'Hôtel-
de-Ville. En 1814, M. l'ingénieur en chef du département constate aussi que « d'après des recherches
» faites à une assez grande distance, la source de Car-
» lés est la seule qui présente des avantages certains ;
» et il propose, en conséquence de l'amener au centre
» de la place. (Rapport du 21 décembre.)

En 1844, on s'occupa de nouveau de la fontaine de
Carlés. « Cette source a été *sondée*, dit l'*Opinion* du 24
» mai 1845, au moyen d'appareils différents, et, à la
» fois par M. l'ingénieur Combier et M. Lodoyer, ar-
» chitecte de la ville. Des expériences faites sous les
» yeux d'une commission du conseil municipal, du
» 23 août au 3 septembre 1844, ont constaté les résul-
» tats suivants :

1re expérience; 66,382 litres par 24 heures.
2e — 45,588 — id. —
3e — 34,391 — id. —
4e — 29,000 — id. —

» Ces expériences faites dans l'année 1844, durant
» laquelle la sécheresse n'a pas été grande, ont prouvé
» comme on le voit, que, dans la saison où l'eau man-
» que, la source de Carlés ne peut fournir qu'environ
» trois litres par habitant. »

Quand l'eau manque, trois litres par personne sont
bien quelque chose, surtout si l'on y ajoute les réserves faites dans la saison où l'eau est abondante.
Aussi les habitants d'Auch, après l'expérience de 1844,
s'agitèrent-ils pour avoir l'eau de la fontaine de Carlés. « Nous avons vu naguère circuler dans le public,
» dit l'article cité, une pétition adressée à l'adminis-

» tration municipale d'Auch, pour la mettre en quel-
» que sorte en demeure d'entreprendre de conduire
» dans la ville la *grande source de Carlés*. Il nous a été
» rapporté que de nombreuses signatures couvrent
» cette pétition. »

Par les soins du même journal, les pétitionnaires,
traités de rêveurs, furent éconduits. Mais ils ne se dé-
couragèrent pas. L'un d'eux protesta même avec
beaucoup de verve : « ne pas accéder aux vœux
» des habitants d'Auch, disait-il, n'est-ce pas de
» la part de l'auteur inconnu de l'article précité
» manifester le plus grand mépris pour eux ; présenter
» de si petits moyens en présence de si grands et de
» si pressants besoins pour une si grande population,
» n'est-ce pas.... refuser le plus beau présent que le
» ciel leur fait? N'est-ce pas une conjuration contre
» eux, contre leur bien-être, contre leur fortune et
» leur félicité? N'est-ce pas aggraver leurs maux?
» N'est-ce pas mettre les passions à la place de l'inté-
» rêt général? » (V. *l'Opinion* du 7 juin 1845.)

On répliqua sur le ton de la bouffonnerie.

On s'était, au reste, étrangement abusé sur les
moyens auxquels il faudrait avoir recours pour amener
en ville la source de Carlés. Aux yeux de la population, ce projet était présenté comme une fantasma-
gorie:

« D'après les appréciations de M. le commandant
du génie, disait-on, les travaux de Carlés coûteraient,
le *tunnel compris*, 80,000 fr.; — d'après M l'architecte
qui a fait les nivellements et un devis, la dépense se
porterait à plus de 100,000 fr.; — des ingénieurs habiles et expérimentés, consultés sur les difficultés, dé-
clarent qu'il est à peu près impossible de déterminer
d'avance le coût du tunnel..... » (1).

En vérité, c'était effrayant.

(1) L'*Opinion*, 21 février 1846, *article communiqué*.

3

Hâtons-nous donc de rassurer les esprits sur ce point. Aujourd'hui, il n'est plus question « de perforer une montagne à sa base » et d'établir un tunnel pour conduire l'eau de Carlés sur la Place Impériale. M. Robaglia a soigneusement écarté de son projet tout élément conjectural : il a voulu que la dépense à faire pût être exactement connue à l'avance ; il n'a donc proposé ni des travaux souterrains ni l'emploi d'aucune machine ; il a considéré comme plus simples, plus sûres et moins coûteuses les conduites d'eau qui fonctionnent par le seul effet de la pente ; et il a tenu essentiellement à n'avoir recours qu'à ce moyen-là.

Un petit aqueduc en ciment qui n'a d'abord que 0^m 17 sur 0^m 17, puis 0^m 20 sur 0^m 20, auquel on substitue, dans le passage des gorges, des syphons renversés en tole bitumée dont le diamètre maximum est de 0^m 189, lui a paru suffire pour remplacer avantageusement toutes les grandes conceptions dont le public s'effrayait peut-être à juste titre ; et ce travail, d'après un devis détaillé, ne coûtera que 50,183 fr. 35 cent.

La conduite, ainsi établie, pourra débiter jusqu'à 670,000 litres d'eau par jour.

Il ne s'agit donc plus seulement de la faire servir à dévier la source de Carlés; elle doit permettre, en outre, d'amener sur le haut de la ville les sources de Bordeneuve et de Péjoulin, au nombre de quatre, et toutes les eaux qui s'accumulent aux abords et au-dessous de ces sources dans les vallons des mêmes noms.

Toute la pensée du projet est résumée dans les quelques lignes suivantes que nous extrayons d'un rapport de M. Robaglia, publié il y a quelques mois :

« J'ai été frappé, dit cet ingénieur, par le grand nombre de sources qu'on rencontre dans les vallons de Bordeneuve, Péjoulin et Carlés.

» La présence de ces sources est facile à expliquer. Toute la contrée est formée par des terrains tertiaires imperméables, tels que calcaires, marnes et argiles. Le fond des vallons a été comblé par des détritus qui ont acquis un certain degré de perméabilité. Or, pendant les pluies, l'eau traverse ces matières détritiques, les imprégne, et un écoulement s'établit au-dessus du sous-sol imperméable, de telle sorte que si un obstacle arrête cet écoulement, les eaux surgissent à la surface et donnent naissance aux sources. »

Ce point de fait constaté, il n'y avait plus que des expériences à faire pour savoir de quelle quantité d'eau on parviendrait à disposer en réunissant au produit des sources naturelles de Bordeneuve, de Péjoulin et de Carlés, les produits des sources artificielles dont les conditions géologiques de ces vallons rendaient la création évidemment possible.

Ces expériences ont eu lieu dans les années 1856, 1857 et 1858; et, non-seulement les premières appréciations que M. Robaglia avait soumises à l'Administration se sont trouvées justifiées, mais nous pouvons même dire dès à présent que les résultats constatés ont dépassé, comme on le verra, toutes les espérances.

XI.

Les premiers travaux faits par M. Robaglia, dans les vallons du sud-ouest, ont été entrepris à titre d'essai, comme cet ingénieur nous l'apprend par son rapport du 8 août 1857. Les crédits affectés à cette dépense étaient fort réduits. Il y avait obligation de restreindre les frais. Au début de l'opération, on ne pouvait donc pas se promettre de réunir toutes les conditions de bonne exécution que comporte un travail définitif.

Pour s'emparer des eaux souterraines dont l'existence était accusée, à la surface, par une grande quantité de joncs, « j'ai expliqué, dit M. Robaglia, que de simples tuyaux collecteurs de drainage posés dans le fond des vallons, sur la surface de contact de la couche détritique avec le sous-sol, suffiraient. »

Mais l'exécution des travaux n'a pas tardé à le convaincre, ajoute-t-il, que la couche détritique a moyennement une épaisseur de 5 mètres, et qu'ainsi il n'était possible de descendre les drains au fond de cette couche sans faire des dépenses tout à fait hors de proportion avec le crédit dont il disposait.

« J'ai donc dû me contenter de mettre, à une profondeur variant entre 2 mètres 50 cent. et 3 mètres, un collecteur dans chaque vallon, et d'y faire aboutir des drains transversaux. »

Tel est le système.

Mais il s'en faut que l'application en soit entièrement faite. « Le drainage de Péjoulin est à peine ébauché; il n'embrasse qu'un hectare, et encore est-il très incomplet sur cette faible superficie. Afin d'éviter des réclamations, j'ai été obligé, dit M. Robaglia, d'ajourner précisément la pose des drains transversaux qui doivent prendre les sources apparentes sur les flancs du vallon. Il reste, en outre, à drainer plus de deux hectares sur lesquels la présence de l'eau est amplement annoncée par de petites sources superficielles et par de nombreuses plantes aquatiques. »

Les drainages de Bordeneuve et de Carlés s'étendent aujourd'hui sur toute la longueur de ces vallons, et il ne resterait plus qu'à multiplier ou développer les drains transversaux si le besoin s'en faisait sentir.

Les premiers jaugeages ont eu lieu en 1856.

La source de Carlés a été jaugée du 16 août au 23 novembre, durant 101 jours: le débit moyen a été de 22 litres 62 par minute.

Le drainage de Bordeneuve a été jaugé en même temps, également durant 101 jours: le débit moyen a été de 67 litres 23 par minute.

Le drainage du vallon de Carlés n'a pu être jaugé

que du 21 septembre au 23 novembre, c'est-à-dire dans le temps où toutes les sources baissent le plus. Ce jaugeage, au lieu d'embrasser, comme les précédents, une série de 101 jours, n'a duré que 63 jours, c'est-à-dire 38 jours de moins, et ces 38 jours correspondent au commencement de la sécheresse; il faut donc considérer que cette circonstance a eu pour effet un notable amoindrissement de la moyenne du débit. Les calculs donnent pour cette moyenne 25 litres 37 par minute; et cependant M. Robaglia l'a réduite à 20 litres, afin de tenir compte des eaux qui ont pu provenir momentanément des arrosages alimentés par la source de Carlés.

Le drainage de Péjoulin, comme le précédent, n'a pu être jaugé que tardivement. Le jaugeage a eu lieu du 11 octobre au 23 novembre, c'est-à-dire pendant 43 jours; et il faut remarquer de nouveau que c'était précisément dans la saison la plus défavorable. Le débit moyen a été de 15 litres 18.

Ces données obtenues, M. Robaglia s'est demandé quelle quantité d'eau il faudrait approvisionner, aux époques où il y en a en abondance, pour assurer à la ville d'Auch au moins 25 litres par habitant et par jour, soit 250 mètres cubes par 24 heures; et il a reconnu qu'il suffirait d'un réservoir pouvant contenir 7,000 mètres cubes environ.

L'exactitude de ses calculs est confirmée par les faits que de nouveaux jaugeages ont permis de constater.

Nous tenons de l'obligeance de M. Robaglia des détails qui ne laissent pas le moindre doute à cet égard et qui témoignent, d'ailleurs, de la modération que cet ingénieur a su prudemment apporter dans toutes ses appréciations.

Voici la substance des notes qu'il a bien voulu nous remettre.

En 1856, le débit réuni de la source de Carlés et des drainages de Carlés, de Péjoulin et de Bordeneuve seulement (1) n'a été inférieur à 250 mètres cubes par jour que du 16 août au 24 novembre, c'est-à-dire pendant 101 jours. L'état des jaugeages établit que, durant cette période de sécheresse, le débit total a été de 18,271 mètres cubes, savoir :

		m	c
1°	Source de Carlés...............	3,290	472
2°	Drainage de Carlés..........	2,908	800
3°	Drainage de Péjoulin........	2,207	779
4°	Drainage de Bordeneuve......	9,864	230
	Total...........	18,271	281

Pour ces 101 jours, la consomma-tion de la ville, à raison de 250 mètres cubes par jour, eût nécessité...... 25,250

Déficit........... 6,979

Pour couvrir ce déficit, les 7,000 mètres cubes du réservoir d'approvisionnement auraient donc suffi.

Du 24 novembre au 24 décembre, d'autres jau-geages, faits à neuf reprises différentes, ont permis de constater que, dans ces 30 jours, le produit total (2) a été de 23,150 mètres cubes, savoir :

		m	c
1°	Drainage de Bordeneuve......	8,405	400
2°	Drainage de Péjoulin.........	1,782	500
3°	Drainage de Carlés..........	5,069	200
4°	Source de Carlés.............	7,893	500
	Total...........	23,150	600

Durant ces trente jours, la consom-mation de la ville, à raison de 250 mè-tres cubes par jour, eût été de...... 7,500

Excédant disponible pour le réservoir. 15,650

(1) et (2) D'une part, comme nous l'avons déjà fait remar-quer, on n'a pas compris dans ces chiffres les eaux des sources de Bordeneuve et de Péjoulin, et, d'autre part, le produit réel du drainage de Carlés a été diminué de 2 litres 62 par minute afin de tenir compte des infiltrations provenant des arrosages faits avec les eaux de la source de Carlés dans la prairie inférieure.

Cet excédant eût suffi, on le voit, pour remplir deux réservoirs comme celui que comprend le projet de M. Robaglia. On aurait pu, d'ailleurs, aller encore bien au-delà : « Après le 26 décembre, dit cet ingénieur dans ses notes, les débits sont devenus si considérables que les moyens à notre disposition ne nous permettaient plus de les apprécier exactement. Toutefois, on a pu jauger le drainage de Bordeneuve, le 29 décembre, et il a donné 461 litres 1 2 par minute, c'est-à-dire près de 665 mètres cubes par jour. Le 9 janvier 1857, le même drainage a donné 461 litres 78 par minute, et le drainage de Carlés 692,67 :—total *pour vingt-quatre heures*, 1,662 mètres cubes. »

Une nouvelle série de jaugeages réguliers a eu lieu du 24 mai au 31 juillet. Dans cette période de soixante-dix jours, le débit quotidien est resté supérieur à 250 mètres cubes. Voici les produits constatés (1) :

	m. c.	
1o Drainage de Bordeneuve......	19,869	581
2o Drainage de Péjoulin.........	3,470	875
3o Drainage de Carlés.........	20,379	542
4o Source de Carlés...........	17,943	206
Total.........	61,663	204

Durant ces soixante-dix jours, la consommation de la ville, à raison de 250 mètres cubes par jour, eût absorbé seulement...................... 17,500 »

Excédant disponible pour le réservoir.................... 44,163 »

Du 2 août au 2 octobre, autre série de jaugeages durant soixante-deux jours et demi.

Cette fois, aux eaux de la source de Carlés et des drainages de Bordeneuve, de Carlés et de Péjoulin,

(1) Même observation qu'à la note 1 et 2, page 54.

qui avaient seules fait l'objet des jaugeages précédents, on réunit les produits de deux autres sources,
l'une de Bordeneuve, l'autre de Péjoulin.

Le rendement a été de 11,133 mètres cubes,
savoir :

		m. c.
1° Drainage de Bordeneuve......		4,783 838
2° Source de Bordeneuve........		1,665 900
3° Drainage de Péjoulin........		864 590
4° Source de Péjoulin......... .		584 100
5° Drainage de Carlés..........		2,688 538
6° Source de Carlés...........		1,626 667
Total..........		12,213 633

A déduire, à raison de 12 litres par
minute pendant 62 jours, 1|2 pour les
infiltrations présumées des sources de
Bordeneuve et de Carlés dans les drainages des mêmes vallons.......... . 1,080 00

Reste.......... . 11,133 633

Durant ces 62 jours 1|2, la con-
sommation de la ville, à raison de 250
mètres cubes par 24 heures, aurait nécessité 15,625

Déficit............ 4,491

Le réservoir de 7,000 mètres cubes, pour lequel
on eût disposé à la fin de juillet, comme on l'a vu,
de plus de 44,000 mètres cubes, devait donc largement suffire à combler ce déficit momentané.

Du 3 octobre au 31 décembre 1857, la situation
change complètement. A la disette succède l'abondance.

Quinze jaugeages faits dans cet intervalle ont permis de déterminer comme il suit le débit total (1) :

(1) Ici encore on néglige entièrement les produits des
sources de Bordeneuve et de Péjoulin, qui ont été, dans
cette période, de 4,968 m. c. 605, afin qu'il soit amplement
tenu compte des infiltrations qui auraient pu avoir lieu de
la source de Carlés dans le drainage de ce nom.

	m. c.	
1º Drainage de Bordeneuve......	15,023	520
2º Source de Bordeneuve (*Mémoire*)	»	»
3º Drainage de Péjoulin.........	2,665	238
4º Source de Péjoulin (*Mémoire*)...	»	»
5º Drainage de Carlés...........	12,207	470
6º Source de Carlés.............	5,953	354
Total..........	35,849	582

Durant ces 87 jours, la consommation de la ville, à raison de 250 mètres
cubes par 24 heures, eût été de...... | 21,750 | »

Excédant destiné au réservoir..... | 14,099 | »
c'est-à-dire plus de deux fois la quantité nécessaire
pour le remplir.

Le dernier hiver a été marqué par une sécheresse
exceptionnelle. Aussi, du 2 janvier au 11 février
1858, les débits des sources et des drainages ont été
chaque jour inférieurs à 250 mètres cubes. Voici le
résultat des jaugeages faits pendant cette période de
40 jours :

	m. c.	
1º Pour le drainage de Bordeneuve	3,224	534
2º Pour le drainage de Péjoulin...	794	203
3º Pour le drainage de Carlés....	1,990	252
4º Pour la source de Bordeneuve.	919	598
5º Pour la source de Péjoulin....	272	606
6º Pour la source de Carlés......	961	157
Total..........	8,162	350

A déduire, 12 litres par minute pour
tenir compte des infiltrations des
sources de Bordeneuve et de Carlés. | 691 | 200

Reste......... | 7,471 | 150

Durant ces 40 jours, la consommation de la ville, à raison de 250 mètres
cubes par 24 heures, eût nécessité... | 10,000 | »

Déficit........ | 2,529 | »

Pour combler ce déficit, il eût donc suffi d'un peu plus du tiers de l'approvisionnement recueilli, six semaines auparavant, dans le réservoir.

A partir du 12 février jusqu'au 29 mai 1858, le débit quotidien des sources et des drainages a été constamment supérieur à 250 mètres cubes.

Voici le relevé des jaugeages faits (1) pendant

(1) On a négligé les produits des sources de Bordeneuve et de Péjoulin qui ont atteint 7,246 mètres cubes 810, afin de compenser très largement les effets des infiltrations qui auraient pu avoir lieu des sources de Bordeneuve et de Carlés dans les drainages inférieurs.

RÉSUMÉ DES JAUGEAGES; *années* 1856, 1857, 1858.

DÉSIGNATION de LA PÉRIODE.	DÉBITS TOTAUX des drainages			DÉBITS TOTAUX des sources de		
	de Carlés.	de Bordeneuve	de Péjoulin.	Carlés.	Bordeneuve.	Péjoulin
	m. c.	m. c.	m. c.	m. c.	m. c.	m. c.
Du 16 août 1856 au 23 novembre 1856....	2,908 800	9,864 230	2,207 779	3.290 472	»	»
Du 24 novembre 1856 au 24 décembre 1856.	5,069 200	8,405 400	1,782 500	7,893 500	»	»
Du 25 décembre 1856 au 23 mai 1857....	»	»	»	»	»	»
Du 24 mai 1857 au 31 juillet 1857.......	20,379 542	19,869 581	3,470 875	17,943 206	»	»
Du 2 août 1857 au 2 octobre 1857......	2,688 558	4,785 858	864 590	1,626 667	1,665 900	584 100
Du 6 octobre 1857 au 31 décembre 1857..	12,207 470	15,023 520	2,665 238	5,953 554	»	»
Du 2 janvier 1858 au 11 février 1858......	1,990 252	5,224 554	794 203	961 157	919 598	272 606
Du 12 février 1858 au 29 mai 1858......	53,677 650	30,531 930	9,185 390	35,231 080	»	»
TOTAUX....	98,921 452	91,703 033	20,970 575	72,899 436	2,585 498	856 706

AINSI, DU 16 AOUT 1856 AU 29 MAI 1858, LES EXCÉDANTS ONT ÉTÉ SUPÉ-

m. c.

cette période de 107 jours, savoir :

1o Drainage de Bordeneuve...... 30,531 930
2o Source de Bordeneuve (*Mémoire*). » »
3o Drainage de Péjoulin......... 9,185 390
4o Source de Péjoulin (*Mémoire*).. » »
5o Drainage de Carlés......... 53,677 650
6o Source de Carlés........... 35,231 080

Total......... 128,626 050

Durant ces 107 jours, la consommation de la ville, à raison de 250 mèt.
cubes par 24 heures, aurait nécessité.. 26,750 »

Excédant disponible pour le réservoir........................ 101,876 »

DÉBITS TOTAUX		DÉPENSES à raison de 250 mètres cubes par jour	DÉFICITS.	Excédants.	OBSERVATIONS.
apparents.	rectifiés.				
m. c. »	m. c. 18,271 281	m. c. 25,250	m. c. 6,978 719	m. c. »	On n'a pas compté les débits des sources de Bordeneuve et de Péjoulin, et on a retranché 2 l. 62 par minute au drainage de Carlés.
»	23,150 600	7,500	»	15,650 600	On n'a pas compté les débits des sources de Bordeneuve et de Péjoulin.
»	»	»	»	Non calculé.	L'abondance de l'eau n'a pas permis, avec les moyens à notre disposition, de faire les jaugeages pendant cette période.
»	61,663 204	17,500	»	44,163 204	On n'a pas compté les débits des sources de Bordeneuve et de Péjoulin.
12,213 633	11,133 633	15,625	4,491 367	»	On a déduit 12 litres par minute pour tenir compte des infiltrations des sources de Carlés et de Bordeneuve dans les drainages.
»	35,849 582	21,750	»	14,099 582	On n'a pas compté le produit des sources de Bordeneuve et de Péjoulin qui s'est élevé à 4,968 m. c. 605.
8,162 350	7,471 150	10,000	2,528 850	»	On a déduit 12 litres par minute pour tenir compte des infiltrations, dans les drainages de Bordeneuve et de Carlés, des sources supérieures.
»	128,626 050	26,750	»	101,876 050	On n'a pas compté les produits des sources de Bordeneuve et de Péjoulin qui ont atteint 7,246 m. c. 810.
20,375 983	286,165 500	124,375	13,998 936	175,789 436	

RIEURS AUX DÉFICITS DE PLUS DE 161,790 MÈTRES CUBES.

Comme on vient de le voir, les expériences auxquelles se livre M. Robaglia durent déjà depuis près
de deux années, et les résultats constatés prouvent
qu'il serait possible, dès à présent, sans attendre
même l'achèvement des travaux de drainage ou de
captation des sources, de disposer pour la ville
d'Auch d'une quantité d'eau supérieure au chiffre de
ses besoins les plus largement calculés.

Il est donc de toute évidence, aujourd'hui, que les
ressources des vallons du sud-ouest permettent de
réunir, soit simultanément pendant une grande partie de l'année, soit à l'aide d'un approvisionnement
momentané dont le volume n'excède pas, chaque
fois, 7,000 mètres cubes pour le temps de la sécheresse, et de distribuer dans la ville d'Auch, en toute
saison, une quantité d'eau potable égale à 25 litres par
habitant et par jour.

XII.

Bien que les résultats des expériences faites en 1856,
1857 et 1858 aient été très satisfaisants, on se demande encore s'il n'y a pas à craindre que la grande
abondance de l'eau, dans les vallons de Bordeneuve,
de Carlés et de Péjoulin, ne diminue progressivement.

Il est certain que le drainage a pour effet, en ameu-
blissant les terres, d'en favoriser de plus en plus
l'égouttement, et, par conséquent, d'accélérer la fuite
de l'eau. Mais, dans les travaux projetés, M. Robaglia
remédie avec avantage à cette cause d'affaiblissement
du débit permanent, au moyen de barrages dont nous
parlerons tout à l'heure.

En ce moment, rassurons, s'il est possible, les pes-
simistes qui craignent que les vallons du sud-ouest
ne continuent pas dans l'avenir de débiter autant d'eau
que dans les deux dernières années. Selon eux, l'épui-

sement des ressources constatées ne serait qu'une question de temps. Remarquons d'abord que leurs ap- préhensions se sont singulièrement améliorées. Ils avaient commencé par douter qu'il y eût, dans ces val- lons, assez d'eau pour qu'on pût raisonnablement chercher là les moyens d'alimenter la ville d'Auch. Il fallut bien, cependant, se rendre à l'évidence, après que le conseil municipal, assisté de M. Barré, archi- tecte adjoint de la ville, se fut transporté sur les lieux, quelques jours avant la fin de la sécheresse d'été, pour assister, montre en main, aux opérations des jaugea- ges (1).

On prétend que la fontaine de Carlés a beaucoup di- minué depuis un certain temps; d'où l'on conclut qu'elle pourrait baisser encore, et que, s'il en était de même des autres sources naturelles ou artificielles, les travaux n'auraient qu'une utilité temporaire; en d'autres termes, la ville ferait une grande dépense en pure perte.

Tout ceci n'est pas soutenable. Il n'est pas prouvé que la source de Carlés ait été plus abondante autre- fois que de nos jours. Voici le relevé du produit mi-

(1) C'est le 27 août 1857 qu'a eu lieu cette visite. Le débit, par minute, a été, ce jour-là et les jours suivants, savoir :

	Au drainage de Bordeneuve.	A la source de Bordeneuve.	Au drainage de Péjoulin.	A la source de Péjoulin.	Au drainage de Carlés.	A la source de Carlés.	Total.
Le 27 août 1857.	54,54	15,80	16,67	10,34	26,08	22,22	145,65
51 —	46,18	13,07	8,50	5,77	36,53	15,17	124,82
5 septembre.	43,26	11,93	8,04	6,07	23,39	13,14	105,83
11 —	39,83	(non j.)	8,01	5,13	21,57	13,53	»
24 —	49,47	19,51	7,21	5,48	30,79	18,23	130,69
27 —	54,54	31,58	7,41	(non j.)	35,29	25 »	153,82
1er octobre..	42,85	31,58	6,82	6,82	18,18	12,50	118,75

nimum des jaugeages connus. Le débit par minute a été :

10 litres » le 1er décembre 1817;
20 — 14 le 3 septembre 1844;
10 — » le 26 novembre 1847;
13 — 14 le 3 septembre 1857;
12 — 50 le 1er octobre 1857;
14 — 63 le 5 février 1858.

A ces différentes époques, on le voit, le débit minimum est d'autant plus bas que le jaugeage a lieu plus ou moins vers la fin de la sécheresse; et, en 1857, le débit minimum n'est pas descendu au-dessous de ce qu'il était quarante ans auparavant.

Que les ressources des vallons du sud-ouest ne cessent point de se renouveler tant que le ciel nous enverra de la pluie, c'est là une vérité qu'il suffit d'énoncer. Or, si, par l'effet d'une catastrophe impossible à prévoir, quelque source venait à s'amoindrir ou même à disparaître, l'alimentation de la ville n'en serait pas absolument compromise. Toujours les vallons du sud-ouest recevront et rendront, par conséquent, plus d'eau qu'il n'en faut à la ville. Le résumé des jaugeages faits de 1856 à 1858 le prouve surabondamment. Pour parer aux effets d'un événement hypothétique, comme celui que nous supposions tout à l'heure, il suffirait donc d'agrandir le réservoir d'approvisionnement.

De longtemps, nous en avons la confiance, cet agrandissement ne sera nécessaire. Il peut, toutefois, devenir utile. Se contentera-t-on à jamais de 25 litres par habitant? Ne voudra-t-on pas, un jour, avoir assez d'eau, non-seulement pour les besoins domestiques, pour des établissements de bains, pour des lavoirs, etc., mais encore pour le lavage des rues ? Ne faudra-t-il pas d'ailleurs augmenter le volume de la distribution à mesure que la population de la ville s'accroîtra? Tout cela est possible, si l'on développe le premier réservoir par des constructions accessoires qui en élèvent assez la capacité pour qu'on puisse mettre à profit les excédants disponibles.

Quant à présent, la quantité d'eau à distribuer restant limitée à 25 litres par habitant et par jour, il suffit, comme on l'a vu, d'un réservoir pouvant contenir 7,000 mètres cubes.

La pensée de construire à Auch un réservoir d'approvisionnement n'a rien d'extraordinaire. Beaucoup de villes ont des réservoirs d'eau. Il en a été récemment établi à Dôle, à Besançon, à Paris, dans des conditions analogues à celles de la construction proposée par M. Robaglia. Faut-il se demander si le climat du Midi n'est point un obstacle à la réalisation des avantages qu'offrent les réservoirs? Pour toute réponse, nous citerons le réservoir de Constantine, dont la capacité est de 22,000 mètres cubes, c'est-à-dire plus de trois fois celle du réservoir projeté pour Auch.

Il n'y a pas à craindre, d'ailleurs, que l'eau ne s'altère par un séjour prolongé dans le réservoir. Elle n'y restera guère, en moyenne, que quarante jours; et encore, durant ce temps, se trouvera-t-elle incessamment renouvelée, en partie, par le débit quotidien qui, toujours amené dans le bas du réservoir, y entretiendra un courant constant.

D'après le plan et le rapport du 7 août 1857 déjà cité, le réservoir d'approvisionnement doit occuper le sommet du coteau du Roc-de-Lescat.

« Toute la construction, dit M. Robaglia, repose sur un radier de béton hydraulique, et les murs sont projetés en maçonnerie ordinaire également hydraulique. La couverture est formée par des voûtes en briques supportées par des piliers aussi en briques. Je me suis attaché, en projetant ce réservoir, à prendre toutes les précautions nécessaires pour assurer sa stabilité, et, de plus, je l'ai divisé en deux compartiments par un mur de refend, afin que, si un accident arrive dans l'un des compartiments, l'autre continue à fonctionner. Divers appareils de fontainerie permettent de prendre l'eau dans un seul compartiment du réservoir ou dans les deux à la fois, ou, enfin, directement à la source, et de vider alternativement les compartiments pour procéder aux nettoyages qui devront se faire à la fin de chaque été.

» Le réservoir permettra à la distribution en ville de fonctionner lors même qu'il y aurait des réparations à faire aux sources ou à la conduite maîtresse. Il réalise une ressource inépuisable, bien précieuse en cas d'incendie; et si une épidémie survenait pendant le mois d'août et de septembre, il rendrait possible un abondant arrosage des voies publiques, en restreignant légèrement la consommation lorsque le danger aurait disparu.

» Le réservoir d'approvisionnement est évalué à 93,389 fr. 92 c., y compris 3,600 fr. pour acquisition de terrains et indemnités diverses. »

Indépendamment de ce réservoir, une disposition fort ingénieuse est projetée pour retenir, dans les vallons mêmes, une très grande quantité d'eau et pour en régler l'écoulement à volonté. Des barrages coupant par intervalles le fond de la cuvette et reposant sur le sous-sol imperméable, empêcheront l'écoulement de l'eau par toute autre issue que le collecteur.

Ces barrages coûteront peu; généralement il n'y aura même pas de travail à faire pour les établir : il suffira, tant le sol est compacte, de ménager, de distance en distance, des bandes de quelques mètres de largeur dans lesquelles on placera, au lieu de drains, des conduites étanches, et où le terrain conservera par conséquent les conditions qui, sur certains points, le rendent imperméable. Il peut être ménagé ainsi, dans chaque vallon, plusieurs barrages successifs, de manière à diviser en

compartiments échelonnés les uns à la suite des autres, toute la masse des terres détritiques où s'accumulent les eaux que les drainages recueillent. Ces compartiments formeront autant de réservoirs naturels.
En effet, par défaut d'écoulement, les eaux y demeu-
reront dans les terres aussi longtemps qu'elles ne
trouveront pas d'issue. C'est précisément ce qui a
lieu aujourd'hui, comme on n'en peut douter à voir
les endroits où les joncs s'étendent en larges taches.
Ici la nature est donc laissée tout entière à elle-même.
L'art n'a plus qu'à mettre à profit les ressources qu'elle
lui offre, c'est-à-dire à ménager aux eaux ainsi retenues
un écoulement plus ou moins différé, suivant les besoins; et voici comment on obtient ce résultat:

Au centre de chacune des bandes de terre dont
nous parlions tout à l'heure est établi un puits
où viennent aboutir, en bas, les deux extrémités
du collecteur. L'extrémité d'aval est munie d'un appareil qui permet de la tenir ouverte ou fermée. Lorsqu'elle est ouverte, l'écoulement se fait suivant la
pente du collecteur. Dès qu'on la ferme, au contraire,
les eaux n'ayant plus d'issue horizontalement s'élèvent
dans le puits et par conséquent dans tout le sol en
amont où le drainage paralysé cesse d'agir; elles
sont donc retenues tant qu'elles n'atteignent pas le
niveau d'un perdant supérieur par où elles s'échap-
pent, en chute, pour reprendre ensuite leur cours
dans le collecteur.

On empêche ainsi que le drainage n'accélère trop
l'assèchement du sol et on a, de plus, la faculté d'opérer l'égouttement pour ainsi dire par coupes réglées,
de manière à ne dépenser qu'au fur et à mesure des besoins les ressources que chaque pluie renouvelle. Une
expérience toute fortuite, dont M. Robaglia rend
compte avec une précision mathématique dans son rapport du 6 février 1858, a prouvé jusqu'à l'évidence
que les barrages projetés produiront infailliblement
l'effet qu'on en attend.   3*

Au reste, ce système n'est pas nouveau. « On l'a employé en Angleterre avec le plus grand succès, dit M. Robaglia dans les notes qu'il nous a remises, notamment à Farnham, Sudgate, Ottery-St-Mary et Rugby. »

Voici quelques détails sur les travaux faits dans cette dernière ville dont l'importance approche de celle d'Auch quant à la population qui est de 8,000. Nous les empruntons au mémoire publié, en 1854, par M. Mille, ingénieur des ponts et chaussées.

« Rugby, dit l'écrit que nous citons, est situé sur la pente d'une plaine cultivée qui descend au ruisseau de l'Avon. Dans la campagne, le sol arable est séparé des argiles bleues ou lias par un lit de gravier où les les eaux circulent comme dans un filtre en déposant les matières qu'elles tiennent en suspension et sans rien dissoudre. Il a suffi de poser des collecteurs sous deux grandes routes pour créer une alimentation qui grossit au fur et à mesure que les propriétaires rive-rains veulent s'assainir en drainant ou en laissant drai-ner leurs cultures. Comme le produit de ces sources artificielles est variable suivant les saisons, on le mo-dère ou on l'accroit en accumulant des eaux dans les diverses régions de la couche de gravier, au moyen de barrages en terre glaise échelonnés intérieurement sur les pentes. C'est par des manœuvres de vannes d'arrêt que l'on épuise l'une après l'autre les réserves qui ont le temps de se former dans les gradins successifs du sous-sol. Les eaux ainsi recueillies sur divers points de la circonférence du bassin sont amenées par un tuyau de grès dans un réservoir......»

On le voit, la plus grande analogie existe entre les travaux exécutés pour Rugby et ceux qu'il s'agit d'achever pour Auch. Seulement à Rugby, les eaux circulent dans un banc graveleux, tandis qu'à Auch elles circulent dans la couche détritique qui recouvre l'argile.

Cette différence n'a d'autre conséquence que celle-

ci: à Rugby, les eaux rencontrant dans le banc graveleux un filtre naturel où elles s'épurent, il est sans
inconvénient de consacrer à de riches cultures les
terrains supérieurs qui les reçoivent; à Auch, au contraire, il est indispensable que les terrains drainés
soient exclusivement cultivés en prairies naturelles
sans l'emploi d'aucun engrais ni amendement.

Cette règle, et l'interdiction de toute plantation
nuisible au drainage, sont obligatoires.

La première de ces servitudes ne fera que maintenir l'état actuel des choses, rendu plus profitable, d'ailleurs, aux intérêts des propriétaires par les bons effets
du drainage.

Elle suffira pour écarter dans l'avenir toute crainte
touchant la qualité des eaux. Dès à présent, les eaux
des vallons du sud-ouest sont reconnues potables.
Elles sont fraîches, sans mauvais goût et propres à la
cuisson des légumes. L'analyse chimique en est, du
reste, fort satisfaisante.

Le 30 juin 1857, une commission du conseil municipal
d'Auch a recueilli cinq échantillons d'eau. Ces échantillons se rapportent : 1° A la source de Peyrusse qui
alimente la fontaine de la Porte-Neuve; 2° A la source
de Carlés; 3° Au drainage de Carlés; 4° Au drainage de Bordeneuve; 5° Au drainage de Péjoulin.

Ces échantillons, distingués par des numéros d'ordre, ont été adressés à M. Filhol, professeur de chi-
mie à la faculté de Toulouse, pour les analyser. M.
Filhol s'est acquitté de cette mission et il en a rendu
compte dans un rapport du 14 septembre 1857.

Voici le résumé des analyses faites sur un litre d'eau de chaque échantillon :

	Source de Peyrusse ou de Bégué.	Source de Carlés.	Drainage de Carlés.	Drainage de Bordeneuve.	Drainage de Péjoulin.
	gram.	gram.	0gram.	0gram.	0gram.
Carbonate de chaux......	0,2800	0,2800	0,2760	0,2740	0,2860
Carbonate de magnésie....	0,0430	0,0480	0,0260	0,0415	0,0425
Chlorure de sodium	0,0235	0,0275	0,0270	0,0270	0,0370
Azotates de potasse, soude et chaux..........	0,0005	0,0020	0,0015	Traces.	0,0005
Silicates de potasse et de soude.............	0,0250	0,0210	0,0175	0,0105	0,0230
Matière organique.........	0,0130	0,0165	0,0080	0,0070	0,0190
Sulfate de chaux........ Oxyde de fer......... Iode.............	Traces.	Traces.	Traces.	Traces.	Traces.
Résumé du total.....	0,3850	0,3950	0,3560	0,3600	0,4400

Ces analyses sont de la part de leur auteur l'objet des réflexions suivantes : « Il est évident » d'après ce qui précède, dit M. Filhol, que ces divers » échantillons d'eau se ressemblent à tel point qu'il » serait difficile de dire si l'une d'elles doit être pré » férée aux autres. En effet : 1º Les matières tenues » en dissolution par chacune d'elles sont de la même » nature; 2º La proportion de chacune de ces ma » tières est presque la même dans ces diverses eaux.

» Il est vrai que les échantillons 1 et 3 (*source et* » *drainage de Carlés*) contiennent une plus forte por » tion d'azotates que les autres; mais il est probable » que cette différence, d'ailleurs sans importance, » s'amoindrira et finira par disparaître.

» Il en est de même en ce qui concerne la matière » organique dont la proportion dans ces eaux est » très faible.

» Ces eaux ne contiennent pas plus d'ammoniaque
» que l'eau de la plupart des rivières.

Puis, après une dissertation scientifique, M. Filhol,
résumant ses observations principales, s'exprime
comme il suit :

» 1° Ces eaux peuvent être considérées comme de
» bonnes eaux potables.

» 2° Les cinq qui m'ont été remises se ressemblent
» assez pour qu'il n'y ait aucun intérêt à préférer
» l'une d'elles aux autres.

» Ces eaux ne contiennent aucune substance nuisi-
» ble à la santé; elles sont peu chargées de substan-
» ces salines et *sont supérieures en qualité à beaucoup*
» *d'eaux* (1) *dont on fait usage ailleurs pour la boisson*
» *sans le moindre inconvénient.* »

Des observations du savant professeur dont nous
venons de rapporter l'opinion ressort notamment ce
fait décisif : c'est que les cinq échantillons analysés se
ressemblent presqu'à les confondre. Or, parmi ces
échantillons figure l'eau de la source qui alimente la
fontaine de la place impériale. Est-il un seul habitant
d'Auch qui souhaite pour la ville une eau meilleure
que celle-là ?

Les eaux des vallons du sud-ouest réunissent donc
ces deux conditions essentielles : la qualité et la quantité.

XIII.

Pour achever d'examiner le projet de M. Robaglia,
il nous reste à passer en revue la partie la plus considérable quant aux frais. Nous voulons parler des travaux à faire en ville pour la distribution de l'eau.

(1) On lit dans le *Manuel de la Santé*, par Raspail, année 1858, page 25, que le type de la bonne eau a précisément la composition exacte de celles dont nous parlons.

L'estimation en est portée à 132,708 fr. 79 c. Cette somme représente près des deux cinquièmes de la dépense totale. Il y aurait lieu de s'en étonner s'il s'agissait d'établir seulement dix fontaines, comme on l'avait proposé d'abord; mais les dispositions projetées sont bien autrement complètes.

« L'utilité de l'eau, dit avec raison M. Robaglia dans son rapport du 8 août 1857, dépend surtout de sa bonne distribution. Quoique la pénurie extrême dans laquelle se trouve la ville fasse que la création d'une fontaine unique, abondante, soit un immense bienfait, il est certain qu'on ne peut obtenir un résultat complet qu'en construisant assez de bornes-fontaines pour que la population les trouve aisément sur son passage et ne soit pas rebutée par la longueur du trajet à faire, par le temps à perdre et la peine à supporter.

«..... Les travaux de la distribution en ville comprennent une fontaine monumentale au centre de la place impériale, un réservoir de distribution d'une capacité de 400 mètres cubes sous la promenade, et 39 bornes-fontaines réparties sur toute la superficie de la ville (1) au moyen d'une canalisation de 5,399 mètres 30 de longueur. »

(1) Voici l'emplacement des fontaines :

Fontaine monumentale, au centre de la Place Impériale.

B. nº 1 A l'angle de la rue de Mirande et de la rue de Notre-Dame-des-Neiges.
2 Vers le milieu de la rue Mirande.
3 Au sommet de la rue du Pont-Royal.
4 Place d'Embaqués.
5 Au Tapis-Vert.
6 Place impériale, fontaine actuelle.
7 Place St-Jacques.
8 Rue du Barry.
9 Place de la Maure.
10 Rue Balgueric.

La fontaine monumentale a 3 m 50 de chute au-
dessus du pavé de la place.

L'eau tombée du haut de la fontaine monumentale
dans le bassin qui l'entoure vient ensuite se réunir à
celle qui se rend directement aux bornes-fontaines.

Le système de distribution est, d'ailleurs, conçu
de manière à satisfaire à toutes les conditions désira-
bles.

« Les diverses conduites et leurs robinets d'arrêt et
de décharge, ajoute le rapport déjà cité, ont été dis-
posés de manière à pouvoir alimenter directement les
bornes-fontaines, hors celles de la place Ste-Marie,

11 Place Impériale, angle sud-ouest.
12   id.   angle nord est.
13 Halle au blé, angle sud-ouest.
14 Halle au blé, côté nord.
15 Rue Baylac, maison Faveron
16 Place St-Orens.
17 Rue St-Joseph, à l'angle de la rampe.
18 Rue du Pouy.
19 Place Villaret-Joyeuse.
20 Au midi du pont de la Treille.
21 Rue de la Treille.
22 A l'est de la caserne.
23 Rue de Florence.
24 Rue d'Espagne.
25 Place des Carmélites.
26 Rue de l'Archevêché.
27 Place du marché, côté sud.
28 Rue de la Coquille.
29 Place des Jacobins.
30 Rue Justrabo.
31 Rue de l'Ecole.
32 Place Ste-Marie.
33 Rue de la Préfecture.
34 Rue de l'Intendance.
35 Rue du Lycée.
36 Grande-Pousterle, au sommet.
37 Rue Montebello.
38 Rue St-Pierre.
39 Rue des Grazes.

par le réservoir d'alimentation, dans le cas où un dérangement se produirait dans le réservoir de distribution ou à l'une de ses parties accessoires. En outre, tous les répartiteurs sont reliés entre eux par une conduite de ceinture passant par les rues du Barry, St-Pierre et des Jacobins, et qui a pour effet de permettre de restreindre le plus possible le nombre des bornes-fontaines à mettre en chômage lors du dérangement de l'un des répartiteurs.

» Chaque borne-fontaine porte un bouton qui donne un écoulement à volonté, et elle est garnie d'un appareil particulier qui permet de fournir à une pompe à incendie 108 litres par minute.

» Enfin, un tuyau spécial est embranché sur la conduite de la fontaine monumentale et alimente une bouche à incendie qui serait placée dans la salle de spectacle. »

Nous voici au terme de notre tâche. Nous avons essayé de retracer les principales phases de cette question des fontaines d'Auch, dont l'instruction dure depuis si longtemps. Jamais affaire n'a plus que celle-ci excité les préoccupations des Auscitains. C'est qu'il s'agit d'un intérêt sans égal pour eux. La privation d'eau qu'ils éprouvent est si pénible ! Dans une grande agglomération, l'abondance de l'eau n'est-elle pas une condition essentielle d'hygiène, de salubrité, de conservation, d'industrie et de progrès ? Honorons donc la mémoire des magistrats qui, les uns après les autres, se sont dévoués à l'étude de cet important problème. Ils ont tous bien mérité de la ville par la sollicitude et la persévérance dont ils ont fait preuve. Les difficultés étaient grandes. La plus considérable venait de cet esprit d'ajournement dont nul ne saurait être rendu responsable, car il a sa cause dans ce trait général de caractère qui reflète si bien la richesse du sol méridional. C'est comme une maladie endémique dont le réveil est une calamité et qu'il faut oser combattre dans l'intérêt de tous.

Dans la question des fontaines d'Auch, le mal doit cesser de lui-même par épuisement. Il ne reste plus rien qui puisse l'alimenter. Tous les systèmes connus ont été examinés. On sait maintenant que les sources de Peyrusse, quoi que l'on fasse, ne donneraient jamais qu'une très faible portion de l'eau nécessaire à la ville. L'idée de puits artésiens, deux fois abordée, a paru trop aventureuse. On a reconnu pour hasardée, ou tout au moins pour onéreuse, la proposition de prendre à Seissan l'eau du Gers. Les eaux de la Neste, si les irrigations auxquelles elles sont destinées permettent qu'il en arrive à Auch, ne seront pas propres aux usages domestiques. Enfin, il est prouvé que les eaux de la plaine, au bas de la ville, n'offrent qu'une ressource insuffisante dont le minimum reste encore inconnu, et dont l'ascension, jusqu'à la place impériale, coûterait d'énormes frais d'établissement et d'entretien de machines. Un seul projet est resté debout, celui qui, de tout temps, a été en possession des sympathies populaires : la déviation de la source de Carlés; et il s'en faut bien aujourd'hui qu'il s'agisse uniquement, comme autrefois, d'amener en ville cette fontaine : à ses eaux doivent être réunies les eaux de trois vallons; on porte ainsi à 25 litres au moins par habitant et par jour la quantité d'eau potable amenée en ville; et la distribution en doit être faite à tous les quartiers, sans le secours d'aucune machine, par une magnifique fontaine monumentale marquant dignement le triomphe d'une persévérance de trois siècles, et par de nombreuses bornes-fontaines offrant l'eau pour ainsi dire à la porte de chaque maison.

4

Ce projet n'a pas cessé de réunir l'assentiment général de la population; le conseil municipal l'a deux fois approuvé par ses délibérations des 20 août 1857 et 20 février 1858; et une loi rendue sur l'avis du Conseil d'Etat en a autorisé l'exécution.

L'examen dont les plans et devis doivent être l'objet, suivant la règle, dans le sein même du conseil général des ponts et chaussées, est une garantie contre toute erreur grave. Que le plus sévère contrôle en soit fait par des hommes spéciaux, rien de mieux. Dans une question aussi difficile et aussi considérable, il faut multiplier les sûretés avant de mettre définitivement la main à l'œuvre, et nous savons que c'est le vœu formellement exprimé par l'ingénieur lui-même. Mais ajourner la continuation de l'instruction administrative commencée et remettre de nouveau tout en question? — En présence des souffrances de la population, c'est impossible!

NOTA. Le conseil municipal, écartant diverses propositions d'ajournement pour adopter les conclusions contraires présentées par l'Administration, a décidé, le 3 juillet, que l'affaire suivrait son cours. Sa délibération porte:

« 1° Les oppositions inscrites au procès-verbal d'enquête sont mal fondées;

» 2° La proposition de soumettre le projet à l'examen d'un ingénieur compétent, se trouvant d'accord avec la délibération du Conseil du 20 février dernier, et avec la demande de M. Robaglia, doit être prise en considération;

» 3° M. Mary, inspecteur général des ponts et chaussées, sera appelé pour éclairer le conseil sur l'avant-projet de M. Robaglia. »

TABLE.

Auch, imprimerie et lithographie de Foix frères.

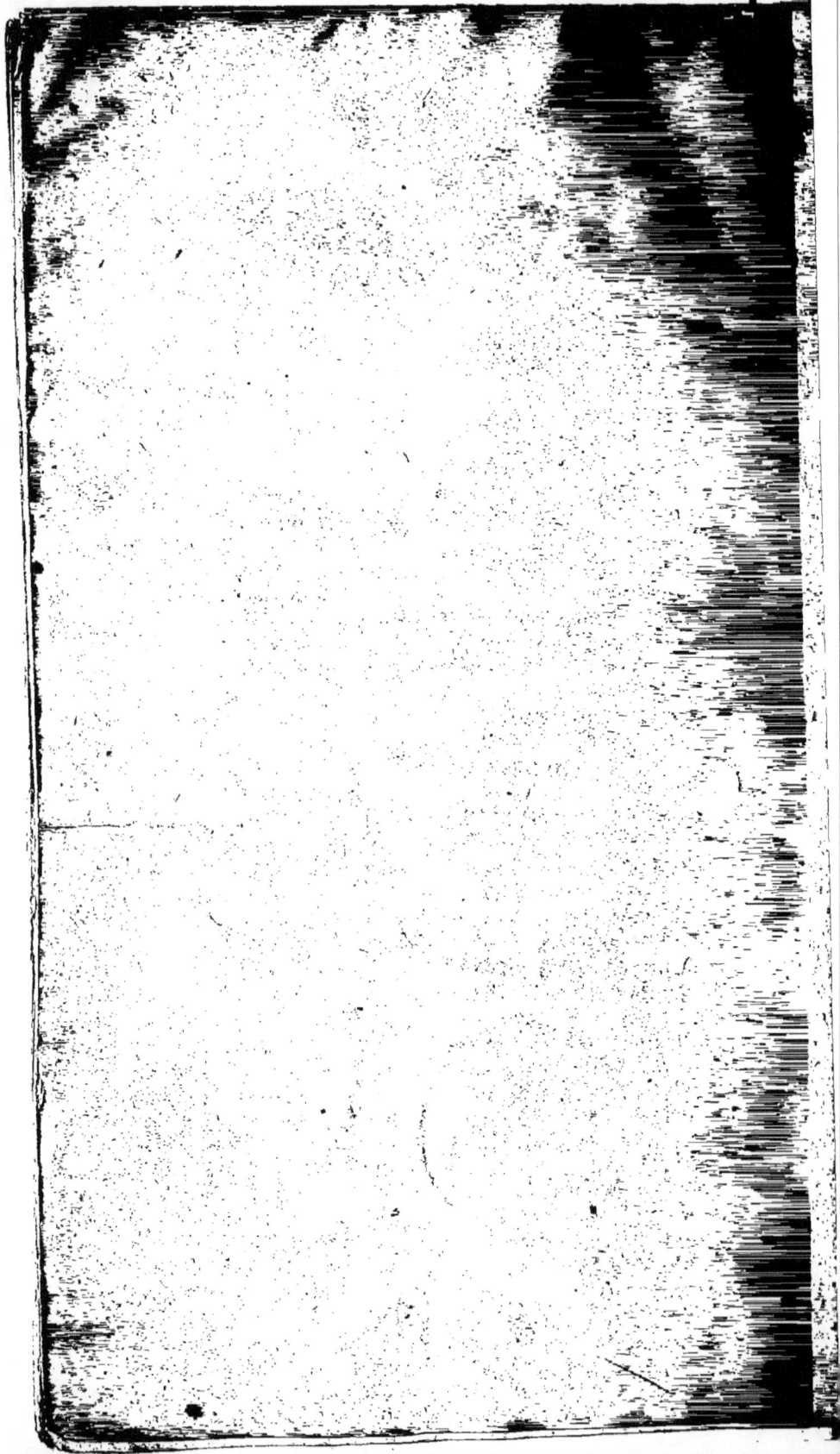